学術選書 075

懐疑主義

松枝啓至

KYOTO UNIVERSITY PRESS

京都大学学術出版会

懐疑主義◉目　次

目次

凡例

○引用文中での（　）は、原則として原著者の補足を表すが、原語を示す場合にも用いた。［　］は、筆者による補足を表す。

○引用文中での原語のイタリック体は、訳文ではすべて傍点で表した。ただし、言明・命題を表しているイタリック体の箇所は訳文では「　」で示した。

○引用で邦訳書を用いたものについては、地の文との表記統一のために、一部表記を改めている箇所もある。

○地の文に記されている人名については、原則として初出の場合のみ、欧文表記と生没年を記した。

懐疑主義

はじめに

私たちはこの世で生きていく中でさまざまな事柄を学び知っていく。学び知る対象は多様であり、日常生活に関わる事柄もあれば、学問的なものもあるだろう。知り方もさまざまで、自分で体験・経験したり、他人から伝え聞いて教わったり、書物を読んだりして知っていく。私たちはそのようにして教わったり学んだりしたものをひとまとめにして「知識」と呼んでいるが、これは体験・経験や推論によって得られた、物事について私たちが正しく知りえたこと・認識できたことのすべて、と言える。そしてそのようにして得た知識をもとに、何事かを成したり、さらなる知識を手に入れたりする。このように「知識」は私たちにとって欠かすことのできないものであるが、この「知識」をめぐって、何かしら問題はあるのだろうか。先述のように、私たちはさまざまな知識を手にしているわけだが、まずそれらはそれぞれ、いろいろなものを対象にしている。それらの中には私たちが一から十まで完全に知ることができるものもあるかもしれないし、そのようなことが望めないものもあるかもしれない。そして何を対象にするかによって、その「知り方」も変わってくるかもしれない。つまりそもそも知識の対象となるのが「何」であって、それを「どのような仕方で」知るべきかが問題となりうる。

言い換えれば、私たち人間はいろいろな物事を考え知ろうとするが、私たちが物事を「知る」という時には、どのような条件がそろっていないといけないのか、つまり物事を正しく知るとはどういうことなのか、という点が問題になろう。なぜなら、その点がしっかりしていないと、私たちは見当違いのものを、間違った仕方で「知っている」と思い込んでしまうかもしれないからである。また私たちは一旦知識を手に入れても、ある時何かがきっかけとなって、それまでに学び知ったことに対して何らかの疑いの目を向けることもある。つまりこれまで手に入れた知識が実際は知識ではなく、単なる思い込みだったり、間違っていたりしているのではないか、と疑うわけである。そのような疑念を抱いてもそのまま放っておくこともあれば、他の情報とつき合わせて事の真偽を明らかにしようとすることもあるだろう。そういう行為を通して、疑念を抱いていた事柄が案の定間違いであることが分かったり、あるいは自分の勘違いでやっぱり正しいことが分かったりする。自分では真偽の判断が付かない場合もあるだろう。このように知識に対して「疑う」ということは、物事を学び知り知識を得ることと同様、私たちにとってごく身近なことであろう。

このように知識に対して疑うということは、物事を正しく知り、確実な知識を手に入れるということと表裏一体を成している。つまり、その知識の正しさが確実であれば、言い換えればその知識がきちんと正当化されていれば、それについて疑うことはないだろう。このことに関わる問題は、「知識・知恵を愛すること」として始まった哲学においては、常に何らかの形で論じられてきた。つまり哲学においては、さまざまな対象についての具体的な知識・知恵が探求される（「自然」とは何か、「善」とは何か、など）と同時に、そもそもそのような知識・知恵一般はいかなるものであるのかも、程度の差はあれどの時代においても探求されてきたのである。どのような分野であれ、何らかの学問をやっていく上でこの問題は避けては通れないものだろう。なぜならこのような問題に対して何らかの解決がなされないのであれば、「知識」というものの価値は危ういものとなってしまうからである。そしてそのような問題は、現代の哲学においてはいわゆる認識論（epistemology）あるいは知識論（theory of knowledge）と呼ばれる分野で論じられている。

　そのような知識にまつわる哲学的問題について、例えばマイケル・ウィリアムズは著書『知識の諸問題』において次のような五つの問題を挙げている[1]。

（1）分析的問題（*The analytic problem*）。知識とは何か（あるいは、むしろこう言ってよければ、「知識」という語でもって私たちは何を意味するのか、意味すべきなのか）。例えば、どのような仕方で、知識は単なる信念や意見から区別されるのか（されるべきなのか）。私たちがここで望んでいるのは、理念的には知識という概念についての精確な解説、すなわち知識という概念の分析である。

（2）境界画定の問題（*The problem of demarcation*）。これは二つの下部問題に分割される。（a）外的問題は次のことを問う。知識が何であるのかの何らかの説明が与えられた時、私たちが知ることを合理的に期待できるかもしれないのはどのような種類のものなのか、を理に適った仕方で私たちは決定できるのか。あるいは時々言われるように、私たちは人間の知識の射程と限界を決定できるのか。[中略]（b）内的問題は次のことを問う。知識の領域の内部で、重要な境界線があるのかどうか。例えば、多くの哲学者は次のように考えてきた。つまり、ア・ポステリオリな、すなわち「経験的」な知識と、ア・プリオリな、すなわち非経験的な知識との間には、原理的な区別がある、と。

［後略］

（3）方法の問題（*The problem of method*）。これは、どのような仕方で知識が手に入れられるべきか、あるいは探求されるべきか、ということに関係する問題である。私たちはそれを三つの下部問題に分割している、と私は思う。（a）単一性の問題は、次のような問いを提示する。知識を獲得するにはたった一つの方法しかないのか、あるいは、問題となっている知識の種類に応じて複数の方法があるのか。［中略］（b）改良についての問題は次のことを問う。つまり、知識を探究する私たちの方法を私たちは改善できるのか。［中略］（c）最後にとりわけ、理性あるいは合理性の問題がある。ここでの関心事は、探求の、すなわち信念を固定させる、はっきりと合理的な方法があるのかどうか、もしあるとすれば、その方法とは何なのか、である。

（4）懐疑論の問題（*The problem of scepticism*）。一体そもそも、知識を獲得することは可能なのか。この問題は切迫的である。なぜなら、不可能であるという結論を支持する強力な議論——あるものはとても古い——があるからである。［中略］したがってここでの問題は、哲学的懐疑論と、すなわち知識は不可能であるというテーゼを支持する議論と、折り合うというものである。知識と正当化を結びつける有力なケースがあるので、懐疑論の問題は、正当化の問題（*problem of justification*）と深くつながっている。

（5）価値の問題（*The problem of value*）。今概略を述べてきた諸問題は、知識は有する価値があるという場合にのみ、重要である。しかし知識は有する価値があるのか、そしてもしそうならなぜなのか。私たちは知識を望むと仮定しても、私たちは何のために知識を望むのだろうか。私たちは知識を不適当な仕方で望むのか。あるいはただ何らかの目的のために、あるいは何らかの状況において望むのか。知識は探求の単なるゴールなのか。あるいは他にも等しい（あるいはより大きな）重要性があるのか。

ウィリアムズは上記のように五つの問題を挙げており、どれも「知識」というものを論じる上で重要な問題で互いに密接に結びついているが、本書では特に懐疑論の問題を扱いたい[2]。ウィリアムズが上記の（4）でも記しているように、認識論および知識論においては、伝統的にも現代の議論においても、哲学的懐疑論というものにどう対処するかという課題が重要な論点の一つとなっている。なぜこの哲学的懐疑論が問題であるのかというと、上記の引用にもあるように、懐疑論は私たちが持っている知識のほとんどすべてが実際は知識ではない、ということを主張するからである。つまり哲学的懐疑論の立場は、あらゆる事柄について疑うことが可能であり、私たちが有しているほとんどすべての知識は、疑いの目を向けていけば最終的な根拠がはっきりしない、つまり完全に正当化できないものであり、そもそも知識を獲得すること自体不可能であると主張するのである（ウィリアムズが述べているように、これは裏を返せば知識の正当化問題となる）。

このような主張は一見馬鹿げたものに思えるだろう。私たちは現実にはさまざまな事柄を正しい知識として受け入れているし、知識を獲得することが不可能ならば私たちは何を頼りに判断を下していけばよいのか。しかしながら、これまで真である・正しいと信じていた事柄が間違っていたと判明することは、個人のレベルにおいても人類の知の歴史においても数多くあったことは事実である。またこのような懐疑論者の主張を無視することは簡単であるが、知的に誠実であろうとすれば、このような哲学的懐疑論に対して何かしら応答する、あるいは回避する術を考察すべきだろう。そしてこの懐疑論について考察を深めることで、どのような事柄については正しく真であると信じてよいのか、逆を言えばどのような事柄について疑いの目を向けるべきかを考え直してみるのも一興である。このことは伝統的にもいろいろな形で論じられてきたし、現代の現実問題であれば、例えば自然科学研究における理論・観察・実験はどのような条件がそろえば充分正しいものとして認められるのか、あるいは裁判においてどのような証拠がそろえば有罪と（もしくは無罪と）認められるのか、という問題などに最終的につながっていくだろう。

哲学的懐疑論に関わる議論・論争は多岐に渡り、膨大である。本書でも確認し論じていくように、哲学的懐疑論にまつわる議論は哲学の歴史とともに始まり、それ以降さまざまに論点を変えながらも連綿と現在まで続いている。具体的な懐疑論的問題としては、例えば「私の眼前にあるこの世界は本当に存在するのか（外的世界の存在についての懐疑）」、「他者の心を私たちはどのように知るのか（他我の存在についての懐疑）」、「過去のことや記憶に関わることはどのような仕方で信頼できるのか」、「私たちは未来のことについてどの程度正しく知ることができるのか（とりわけ自然科学における因果性についての懐疑）」といったものがある。本書では上記のような哲学的懐疑論に関わる著名な議論の中からいくつか取り上げ論じていくが、議論の幅という点でも、そういった議論に対する考察の深みという点でも不充分なものがあるかもしれない。しかしながら長い歴史を有する懐疑論的議論の主要な流れは把握することができるだろうし、同様の問題関心を持つ読者にとって、議論を整理し自分なりの思索を深めていく上での一助となれば幸いである。

本書ではまず第Ⅰ部において、認識論・知識論における中心的な問題の一つであるこの懐疑論という問題系を時系列順に見ていって、それぞれの時代において何がとりわけ問題として捉えられていたのかを検討していく。知識について疑う、あるいは知識を正当化して主張するといっても、時代や文化が異なれば、つまり問題状況が異なれば、そのやり方も異なってくるだろう。この懐疑論をめぐる議論は非常に古くからあり、さかのぼれば古代ギリシャ哲学に行き着く。本書ではまずいわゆるヘレニズム期の古代懐疑主義を紹介し、懐疑論の最初の形を考察してみる。次に一六・一七世紀に活躍したモンテーニュの懐疑主義や、デカルトの思想に現れる「方法的懐疑」と呼ばれる思考プロセスを考察してみよう。そして特にデカルトの「方法的懐疑」については、ウィトゲンシュタインやセラーズらの現代の認識論における議論も援用しながら、批判的に吟味する。筆者の立場としては、デカルトの思想の深みに敬意を表しながらも、デカルト的な基礎付け主義に対してはウィトゲンシュタインやセラーズとともに批判的な立場をとりたい。

本書第II部では、第I部で確認し論じた懐疑主義の歴史を踏まえた上で、現代の知識論・認識論における主要な立場について検討を加えていきたい。特にそれぞれの立場が懐疑主義に対してどう対処しうるのかを吟味する。具体的にここで取り上げるのは、基礎付け主義と整合説という対と、内在主義と外在主義という対である。これらの立場はそれぞれ懐疑論的議論に密接に関連しており、知識の正当化を論じる上でも各々検討を欠かすことはできない。これら二つの対立軸という点では、筆者は整合説と外在主義寄りの立場に賛意を示したいが、それぞれ個々には哲学的懐疑論に抗するには充分とは言えないかもしれない。さらに現代の認識論における比較的新しい立場である、文脈主義についても考察を深めたい。ここでは主にマイケル・ウィリアムズの文脈主義を取り上げるが、文脈主義にもいろいろなバージョンがあるので、それらとの比較検討も試みつつ、ウィリアムズの主題文脈主義の可能性を探っていきたい。

以下では各部各章の内容を簡潔に概観しておこう。

第Ⅰ部　懐疑主義の歴史

第1章　ヘレニズム期の懐疑主義

この章では懐疑主義の本格的な最初の形であると言えるヘレニズム期の古代懐疑主義を取り上げる。ヘレニズム時代の代表的な思想としては、ストア主義、古代懐疑主義、エピクロス派の原子論の三つを挙げることができよう。これら三つの思想・主義はその内容において互いに異なるが、アタラクシア（心の平静、無動揺）の状態を目指していたという点では共通している。本章で主に取り上げるのはいわゆる古代懐疑主義であるが、まずは彼らがドグマ（独断）として批判するストア主義の思想を確認した後（第1節）、エピクロス派の原子論を概観し（第2節）、最後に古代懐疑主義について論じる（第3節）。

第2章　モンテーニュの懐疑主義とデカルトの方法的懐疑

西洋ではルネサンス以降、古代ギリシャの文献が次々とラテン語訳され、それに伴い古代ギリシャに端を発する原子論や懐疑主義などが一種の流行思想となった。これらの思想はそれまでのキリスト教文化においては排除されてきたものであるが、西洋近代においてはキリスト教にとっての難点を回避しつつ、原子論や懐疑主義を利用して自らの思想を展開する哲学者が続々と現れることになる。この章では西洋近代において新たな形で用いられることになった懐疑主義的な議論の具体例として、まず第1節でモンテーニュの「信仰主義」を、次に第2節と第3節でデカルトの「方法的懐疑」を論じる。

第3章　方法的懐疑への批判的検討

デカルトは「方法的懐疑」という手法を用いて、どんな懐疑論者でも認めざるをえない真理があるということを明らかにしようとした。その意味でデカルト自身は断じて懐疑主義者ではない。しかしながらデカルトのそのような手法そのものが適切であったかどうかはいろいろと問題が残る。本章ではそのようなデカルトの「方法的懐疑」という手法に批判的な検討を加えていく。ここではまずウィトゲンシュタインの絶筆である『確実性の問題』を取り上げ、ウィトゲンシュタインの思想からデカルトの「方法的懐疑」を批判的に吟味するヒントを得たい（第1節）。そしてセラーズの「経験主義と心の哲学」という論文に現れる、知識に関する彼の「理由や正当化の論理空間」というアイデアについて概観し（第2節）、それに基づいてデカルトの方法的懐疑のプロセスを再考する（第3節）。

第Ⅱ部　懐疑主義に抗して――現代の認識論・知識論

第1章　知識の正当化の問題と基礎付け主義

第Ⅰ部での西洋近代までの懐疑主義の歴史を踏まえて、第Ⅱ部では現代の認識論・知識論における懐疑主義をめぐる議論を概観し、その是非について批判的に吟味していく。この章ではまず議論の導入として、第Ⅰ部では触れなかった近代における懐疑主義的な議論の著名なものの一つとして、因果性についての懐疑の問題を扱う（第1節）。そしてその上で現代哲学における「知識」をめぐる諸問題について考察していくが、ここでは具体的には、「知識」の定義について再考を促す契機となったゲティア問題を取り上げ（第2節）、さらにチザムの『知識の理論』を参照しながら、「知識」についての内在主義的な基礎付け主義を論じる（第3節）。

第2章　整合説――クワイン、デイヴィドソン、ローティ

この章では、「知識」についての主要な立場の内、基礎付け主義の対立項としてみなされている整合説について論じていく。まず整合説の主要な特徴である全体論（ホーリズム）について、

現代英米哲学において大きな影響を与えたクワインの論文の一つ、「経験主義の二つのドグマ」を参照しつつ論じる（第1節）。ついで整合説について論じたデイヴィドソンの論文「真理と知識の整合説」を参照しつつ論じる。特にこれら整合説の立場がどのような点で懐疑論への防波堤となりうるかを示したい（第2節）。そして最後にデイヴィドソンの論文で展開される整合説的な立場からの哲学的懐疑論への応答について、さらに踏み込んだ考察を行っているローティの論文「プラグマティズム、デイヴィドソン、真理」を取り上げて論じる（第3節）。

第3章　自然主義、信頼性主義、徳認識論

認識論的な正当化という点では、伝統的にはいわゆる内在主義の立場が主流であった。しかしながら第II部第1章で取り上げるゲティア問題が登場して以降、内在主義に代わる外在主義の立場、とりわけ信頼性主義と呼ばれる立場も有力なものとして勢力を拡大している。この章では認識論的な外在主義、とりわけその有力な一形態とされる信頼性主義と、認識論の自然化を目論む自然主義について紹介し論じていく。具体的にはまずクワインの自然主義を扱い（第1節）、次に外在主義の一形態である信頼性主義、特にここではこの立場の古典的な代表者の一人としてアームストロングの信頼性主義について論じ（第2節）、さらにこの信頼性主義の流れを汲んだ、ソーサの徳認識論と呼ばれる立場を取り上げる（第3節）。またこのような外在主義的な立場がそれぞれどのような形で懐疑論に対処しうるかを検討する。

第4章　マイケル・ウィリアムズの文脈主義

現代の認識論・知識論においてはさまざまな立場がありうるが、この章では比較的最近注目され議論されている「文脈主義」について論じる。特にこの章では現代の懐疑論に関わる論争における著名な論客の一人である、マイケル・ウィリアムズの「主題文脈主義」を紹介しその可能性について論じる。まずウィリアムズが懐疑主義に対してどのような立場をとっているのかを確認し（第1節、第2節）、その後で「主題文脈主義」の特徴をいわゆる相対主義やデローズらの「会話文脈主義」と比較しつつ、浮かび上がらせたい（第3節、第4節）。そしてウィリアムズの立場の問題点も指摘した上で、プラグマティズムの観点からその立場を擁護する（第5節）。

註

（1）以下は次の文献から引用している（日本語訳は筆者による。以下「拙訳」と記す）。M. Williams, *Problems of Knowledge: A Critical Introduction to Epistemology* (Oxford: Oxford University Press, 2001), pp. 1–2.

（2）懐疑論一般についての単行本や論文集として、例えば以下のものを参照されたい。Charles Landesman and Roblin Meeks (eds.), *Philosophical Skepticism* (Oxford: Blackwell Publishing, 2003). この文献は古代から現代に至る哲学史における著名な哲学的懐疑論を原典の抜粋を添えて（英訳）数多く紹介している。Keith DeRose and Ted A. Warfield (eds.),

Skepticism: A Contemporary Reader (New York & Oxford: Oxford University Press, 1999). この文献は二〇世紀に英語圏で懐疑論について書かれた著名な論文をテーマごとに集めたものであり、現代の懐疑論の全体像を把握するのに格好の書物である。佐藤義之・安部浩・戸田剛文編『知を愛する者と疑う心』(晃洋書房、二〇〇八年)。

第Ⅰ部　懐疑主義の歴史

第1章……ヘレニズム期の懐疑主義

はじめに

本章では懐疑主義の本格的な最初の形であると言えるヘレニズム期の古代懐疑主義を取り上げる。ヘレニズム時代とは、マケドニアのアレクサンドロス大王（前三五六―三二三年）が没した後、前三〇年頃に地中海一帯がローマ帝国によって統一されるまでの約三百年間の時期を指す。この時期はさまざまな形で古代ギリシャ文化が地中海一体に伝播した時代であった。ギリシャ人たちは自分たちの土地をヘラス、自分たちのことをヘレネスと呼んでいた。したがってヘレニズムという言葉は、ヘラス風、ヘラス文化、つまりギリシャ風、ギリシャ文化という意味を持っている。この時代の代表的な思想としては、ストア主義、古代懐疑主義、エピクロス派の原子論の三つを挙げることができよう。

これらの三つの思想はさまざまな点で違いがあるのだが、共通しているのは哲学的探究によって最終的には生の不安から逃れ、平静さ・無動揺（ἀταραξία：アタラクシア）の状態に至ることを目指していたということである。そして要はそのような状態に至るために不可欠なのが、私たちを取り巻くこの世界をどのように認識するか、あるいはこの世界についての正しい知識をどのようにして手に入れるか、という方法・枠組みなのである。つまりこの世界を正しく認識し、知ることは（あるいは正しく認識し知ることはできない、と自覚することは）、この世界の内でどのように生きていくべきかを考察するための土台となるのである。そのような世界を認識する・知る方法・枠組みの具体的な内容に関して、上記の三つの立場は互いに対立することになる。

以下で詳しく論じていくように、ストア主義とエピクロス派の原子論は、世界はかくかくしかじかのものであり、それをある仕方で私たちは正しく認識することができると断言するドグマティズム（独断論）の立場にあるが、他方古代懐疑主義は、そもそも私たちは世界についての知識を持つことができないとし、その上でこの世界の内でどう生きるべきかを提案していくことになる。本書のテーマからしてもちろん本章で主に取り上げるのは古代懐疑主義であるが、まずは彼らがドグマ（独断）として批判するストア主義の思想（第1節）を確認した後、エピクロス派の原子論を概観し（第2節）、最後に古代懐疑主義について論じる（第3節）。

1 ストア主義

ストア主義の創始者であるゼノン（Zenon 前三三五—二六三年）[1] は、「自然と一致和合して生きること（τὸ ὁμολογουμένως τῇ φύσει ζῆν）」が私たち人間の生の最終的な目的である、と語ったとされる。ここでの「一致和合して（ὁμολογουμένως）」という言葉は、そもそもの語の成り立ちからすると、「同じロゴスによって」という意味を有している。「ロゴス（λόγος）」というギリシャ語はさまざまな意味を有しているが、ここでは「理性・ことわり（理）・論理」という意味である。したがって上記のゼノンの主張は、自然のロゴスと同じロゴスによって生きることこそが私たち人間が目標とする人生である、という意味になろう。このことは言い換えれば、「自然によって生ずる事柄の経験に即して生きる」ことに等しい。ここでの自然とは、人間がその中で存在しているところの宇宙・世界であり、またもちろん人間自身もこの宇宙・世界の一部分である（以上『列伝』中巻二七四頁参照）。

またストア主義の思想によれば、宇宙・世界の根本原理（アルケー）は、作用するものと作用を受けるものである。ここでの作用を受けるものとは、質的な区別のない実体、すなわち質料（素材・材料）であり、他方作用するものとは、その質料の中にあるロゴス（理性・形成原理）である。ストア主義の考えによれば、質料はロゴスを受け取るという性質しか有しておらず、この宇宙・世界に存在するものが持ち合わせているすべてのさまざまな性質はロゴスに基づくものである。つまりこのロゴスこそ、あらゆる時間を通じて、この宇宙・世界に存在するありとあらゆるものを性格付け規定するものなのである。言葉を換えればこのロゴスが宇宙・世界に存在するあらゆるものを形成している原理であるといえる。ストア主義の人々は、この宇宙・世界のロゴスを「神（θεός）」と呼んでいた。というのは、神は永遠なものであって、質料全体に行き渡りながら、個々の事物を作り出すからである。また神は「知性（νοῦς）」や「運命（εἱμαρμένη）」とも呼ばれた（以上『列伝』中巻三〇九頁参照）。

さてここで一つ注意しておかねばならないのは、これらの作用を受けるものである質料と作用するものであるロゴスとの関係がいかなるものであるかである。ストア主義の思想によると、ロゴスなしの質料、あるいは逆を言えば質料なしのロゴスが、それ自体で存在するわけではない。つまりストア主義の考えによれば、宇宙万有のロゴスは質料と共にでなければ存在しえない。したがってこの宇宙に存在しているのは、ロゴスによって形成されたところの質料、すなわち物体（σῶμα：ソーマ）となる。ここでの物体とは長さと幅と深さの三方向に空間的に広がっているもののことである。したがって宇宙に存在する質料というものは、物体の全体が占めている有限な空間的広がりとして存在している。他方ロゴスというものはいろいろな物体が持ち合わせている多様な性質・規定として存在していることになる。

さらにロゴスは、空間的だけではなく、時間的にもあらゆる物体を規定している。つまりすでに過去に存在したものも、現在存在しているものも、将来において存在するであろうものも、すべてがロゴスによって規定されているのである。つまりストア主義の思想によれば、この宇宙・世界の中において、将来において存在するであろうものを形成する原理は、そのすべてが現在存在しているものを形成している原理の中にすでに含まれているということになる。上記のことは次のような記述からも読み取ることができる。

さて原初には、神はただ自分ひとりだけいながら、実体（質料）全体を空気をへて水へと変えたのであった。そして、ちょうど生物の種子（スペルマ）が生殖器官（精液）の中に包み込まれているように、世界の種子的理性である神もまた、そのような種子として湿ったものの中に留まりながら、その後に続くものを生じさせるために、質料を自分自身にとって仕事のしやすいものにした。そしてそのようにしてから神は、何よりもまず第一に、四つの構成要素、火と水と空気と土とを生み出したのである。（『列伝』中巻三一〇頁）

さて私たち人間が正しく生きるには、まず何よりこのような自然万有のロゴスを正しく知らねばならない。つまり何が自然のロゴスであるかを認識していなければ、自然と同じロゴスに従って生きることはできないからである。ではこの自然のロゴスを正しく認識するにはどうしたらよいか（以下の叙述に関しては『列伝』中巻二四一―二四三頁を参照）。精神（魂）の外に存在しているものが、私たちの内に何らかの認識を形成していく過程について、ゼノンは次のような仕方で説明している。ここで鍵となるのは「表象（φαντασία：パンタシアー）」というものである。これは魂（心）の中の印象（刻印付け）のことであり、その名称は、指輪によって蝋の上に作られた刻印から転用されたものであるとされる。(i) 魂の外に存在している対象は「表象」としてまず私たちの魂に受け取られる。「表象」とは先述したように魂の内に刻印付けられた対象の型取りであると言われる。(ii) したがって「表象」は受動的状態として存在し、かつ魂の外に実在する対象に対応し、その対象とは何らかの形で一致しているはずであると考えらえる。しかしゼノンによれば、魂の内には、魂の外に存在している対象には由来していない「表象」、あるいは魂の外に存在している対象と一致していない「表象」があるとされる。(iii) 魂の外に存在する対象に由来しており、その対象と何らかの形で一致する「表象」を、ゼノンは「把握しうる表象（καταληπτικὴ φαντασία：カタレープティケー・パンタシアー）」と呼んだ。ここでの把握しうるものとは、「物事がどうあるかの規準となる表象のことであって、それは現実に存在しているものから生じ、しかも現実に存在しているものそのものどおりに、（心の中に）捺印され、押印されているものの」ことである（『列伝』中巻二四一頁）。したがってここでの「把握しうる表象」なるものは現実に魂の外に存在している対象と合致している「表象」であり、その点でこの「表象」は真であるとされる。(iv) この「把握しうる表象」に対して、「把握しえない表象」というものもあり、これは「現実に存在しているものから生じていないもののことであるか、あるいは現実に存在しているものから生じてはいるが、しかし現実に存在しているそのものどおりではないもののことであって、これは明晰でも判明でもない表象である」とされる。つまりこのような「表象」は偽であるとされる。

さて、このような「表象」の真偽を区別することは私たちに可能であろうか。ストア主義の人々は可能であると応える。そして彼らはある認識の真偽を識別するのに次の二段階があると主張する。(a) 第一に、把握しうる表象は、把握しえない表象が有していない固有の特徴を持っており、それによって把握しえない表象から識別されるという仕方で、その表象の真偽が認識される。(b) 第二には、単に思いなしではない知識のレベルにおいては、知識を表現している命題(表象を含む)が反駁されえないということを確信するという仕方で、表象の真偽が認識される。ストア主義によれば知識というのは、「誤ることのない把握、あるいは表象を受け入れる際に、議論によって動揺させられることのない状態のこと」(『列伝』中巻二四二頁)である。ここでの議論によって動揺させられない、つまり反駁されえないとは、あるものについての知識が必然的であって、反証が不可能であることを意味している。つまりストア主義の考えによれば、最終的な認識としての知識は決して反駁されえない命題として表されなければならないのである。なぜなら知識のレベルで私たちに把握されている実在は、自然のロゴスによって定められた必然的な因果連関の中にあるとストア主義の人々は考えているからである。つまり整合的なロゴスの内に正しく位置付けられる命題こそが、現実に存在するものについての知識であるのである。上記のように、人間の認識のレベルに至るまで、ストア主義の自然観においてはすべてがロゴスによりあらかじめ定められている。

これまで確認してきたようにストア主義においては、人間はいかに生きるべきかという問題と私たちが世界をどのように認識するかという問題が明確につながっている。本節冒頭で記したように、「自然と一致和合して生きること」がストア主義の人々が考える私たち人間の生の最終的な目的とされたが、これはこの時代に「幸福」であることの典型とみなされた、「平静さ・無動揺(アタラクシア)」の状態に至るための一つの形であったからである。つまり私たちは自然世界の内に生きるからこそ、自然世界を貫くロゴスを精確に認識しそれに従うことこそが、秩序ある乱れのない「平静さ」につながることになり、ストア主義の人々はそのような生を実践することの要として、自然世界の認識を「把握しうる表象」を通して行おうとしたということになる。次節では同じように「アタラクシア」の状態に至るために、別の仕方で自然世界を認識しようとした、エピクロスやルクレティウスの原子論を参照していこう。

2 エピクロスとルクレティウスの原子論

ヘレニズム期の主要な哲学の一つとして、次に挙げるのはエピクロスとルクレティウスの原子論である。まずはレウキッポスとデモクリトス（Demokritos 前四六〇―三七〇年頃）の古代原子論を直接引き継ぐ人物として、エピクロス（Epikouros 前三四一―二七〇年）を取り上げよう。ここでは、エピクロスの現存するほとんどの著作が収録されている、『エピクロス　教説と手紙』（出隆・岩崎允胤訳、岩波文庫）[2]を参照しながら、彼の原子論とそれに基づく倫理思想を論じていく。なおエピクロスについては、前節でストア主義のゼノンを論じる際に用いた文献、ディオゲネス・ラエルティオス（Diogenes Laertios 三世紀前半頃）著『ギリシア哲学者列伝』の第一〇巻（『列伝』下巻二〇一頁以下参照）にも詳細に記されている。

エピクロス派というと、同時代の人々や後代の人々、あるいは今日でさえも、美味美食を事とし、性の快楽などにふける快楽主義者と考えられやすいが、エピクロス自身はそういう種類の快楽を説いたわけではない。こういう誤解の出所は、どうやらエピクロスを論敵とした人々の間でのさまざまな批判や中傷と関わりがあるようである。例えエピクロスが快楽を肯定するようなことを言っているとしても、それは快楽そのものが目的ではない。彼の哲学が最終目的としたのは、生の不安・恐怖を取り除き、生の安定（物質的かつ精神的な）を確保することである。彼の「主要教説」からいくつか引用してみよう。

三．快の大きさ［量］の限界は、苦しみがまったく除き去られることである。およそ快の存するところ、快の存する限り、肉体の苦しみもなく、霊魂の悩みもなく、これら二つが一緒になることもない。（『教説と手紙』七五頁）

一〇．仮に道楽者どもの快をひき起こすものが、天界・気象界の事象だの、死だの、死にともなう苦しみだのについての精神のいだく恐怖を解消してくれ、さらに、欲望と苦しみの限度を教えてくれるとすれば、私たちは、決して、彼らに対し非難すべきものをもたないであろう。（『教説と手紙』七七頁）

上記の引用箇所からも読み取れるように、過剰な快楽が逆に苦痛を生み出す場合は論外であるが、適切な快楽はむしろ奨励されるべきものとして受け入れられており、そのようにして生の安定を確保し、快く生きる、つまり思慮深く美しく正しく生きることがエピクロスの薦めるところである。

それでは、苦しみをなくし、生の安定を確保するためには具体的にはどのようにすればよいとエピクロスは考えたのであろうか。この問いに対する答えを「主要教説」から引用してみよう。

一一．仮に天界・気象界の事象に関する気掛かりとか、私たちにとって死が何ものかでありはすまいかという死についての気掛かりとか、さらに、苦しみや欲望の限界についての無理解とか、これらのことどもが少しも私たちを煩わさないとすれば、私たちは、自然研究を必要とはしない

であろう。(『教説と手紙』七七―七八頁)

一二．神話に関することが何か気にかかっていて、全宇宙の自然［真実在］が何であるかを知らないならば、私たちは、最も重要な事柄についての恐怖を解消することができない。それゆえ、自然研究なしには、私たちは、純粋無雑な形で快を獲得することはできない。(『教説と手紙』七八頁)

以上の引用箇所の記述で明白なように、生の苦しみをなくし、生の安定を確保するために重要なのは、「自然研究 (φυσιολογία)」である。つまり自然世界は、さまざまな形で私たちの生に利益をもたらしたり、害を与えたりする。そのような自然世界におけるさまざまな現象の原因・仕組みを知ることによって、それらの現象が私たちにどういう影響を及ぼすのか、そういったことに対してきちんと心構えをすることができ、それが安心につながるのである。こういった点は前節のストア主義のところで確認した、自然のロゴスを正しく認識することによってアタラクシアの状態に至ろうとしたことと重なる部分もあるだろう。

では、エピクロスは「自然」をどのように捉えているのか。基本的にエピクロスは、デモクリトスの原子論の基本的骨格をそのまま継承している。すなわち、それ自身は不生不滅、不変、均質の無数の原子が無際涯の空虚の中を永久運動し、一切の事物はそれら原子の離散集合による、というものである。つまり、宇宙を構成するものは原子と空虚のみであり、どこまでいっても原子と空虚以外のものはなく、全宇宙は異なる外部をもたない。無限個数の原子が無際涯の空虚の中を永劫に運動し続ける。エピクロスの自然学の主要なところを「ヘロドトス宛の手紙」から引用してみよう。

まずエピクロスは全宇宙の構成要素について、「全宇宙は物体と場所とである」と述べ、「仮に、空虚とか空間とか不可触な実在とか呼ばれるものが有らぬとすれば、物体は、それの存するところをも運動するところをも、もたないことになろう、しかも私たちの感覚には、明らかに物体は運動するものとして現れているのに」と断言し、デモクリトスらが主張したところの原子論の一つの原理である「空虚（κενόν）」の実在を表明している。つまり「物体と場所とのほかには、それ自身まったき独立の実在として捉えられ、他のまったき実在の偶発性ないし本属性として言われるのではないようなものは、［中略］考えることすらできない」のである。さらにまた、「物体の内、あるものは合成体であり、他のものは合成体を作る要素である」とし、「そして、これらの要素は、――あらゆるものが消失して有らぬものに帰すべきではなく、かえって、合成体の分解の際には、ある強固なものが残存すべきであるからには、――不可分（ἄτομα：アトマ）であり不転化である、つまり、それらは、本性上充実しており、どんなものへも分解されてゆきようがないのである」とする。つまりこれはデモクリトスの原子論におけるもう一つの原理である「原子（アトモン）」についての言及であり、「したがって、根本原理は、不可分な物体的な実在［原子］でなければならぬ（ὥστε τὰς ἀρχὰς ἀτόμους ἀναγκαῖον εἶναι σωμάτων φύσεις)」（以上、『教説と手紙』一二―一三頁）、ということになる。

またエピクロスは原子の形状の相違については、「不可分で稠密な物体［原子］、つまり、合成体がそれから生じそれへと分解される要素は、さまざまな形状をもっており、その相違の仕方は、私たちの理解を絶するほどたくさんにある」と述べる。このように述べる理由としてエピクロスは、「もし形状の相違が限られていて私たちに理解しうるほどであるとすれば、同形の原子どもが集まったところで、それからは、合成体に見られるこれほどたくさんの相違が生じることは不可能だから」である。デモクリトスも原子の形状についてはそれが多様であると主張していたようだが、エピクロスもその点を継承していることが見て取れよう。さらに「各々の形状ごとに、類似の原子の数は無条件に限りなくあるが、形状の相違の仕方の点では、無条件に限りなくあるというのではなく、ただ、私たちの理解を絶するほどたくさんあるというだけのことである」（以上、『教説と手紙』一四頁）とも述べている。

さらに原子の運動については、エピクロスは次のように述べる。

> また、原子は、絶えず永遠に運動する（Κινοῦνταί τε συνεχῶς αἱ ἄτομοι τὸν αἰῶνα）。あるものは〈垂直に落下し、あるものは方向が偏り、あるものは衝突して跳ね返る。衝突して跳ね返るものの内、〉あるものは遠くへ運動して相互にへだたり、あるものはさらにそのまま跳ね返りの状態を保ち続ける。［後略］（『教説と手紙』一四頁）

この引用文の中の〈 〉で囲んだ部分は、原典では欠落しており、後の伝承から推測して補ったものである。エピクロスは原子の特性として「重さ」を導入したといわれる。この「重さ」が導入されたことに伴って、原子運動に二種の区分けが成されることになった。一つはその重さによる下降運動、もう一つは衝突による上方もしくは側方への運動である。

「重さ」による運動については、次のような特徴をエピクロスは強調している。

> さらにまた、原子は、何ものの衝突をも受けないで空虚中を運動してゆく時には、必ず等速で運動する (Καὶ μὴν καὶ ἰσοταχεῖς ἀναγκαῖον τὰς ἀτόμους εἶναι, ὅταν διὰ τοῦ κενοῦ εἰσφέρωνται μηθενὸς ἀντικόπτοντος)。というのは、そこでは、重いものの方が小さくて軽いものよりも――何ものも後者と衝突しない限り――より速く運動するということはないであろうし、また、すべてのものが一様な進路をとるから、小さなものの方が大きなものよりも――やはり何ものも後者と衝突しない限り――より速く運動するということもないであろうからである。なおまた、他の原子の衝撃による原子の上方あるいは側面への運動も、原子固有の重さによる下方への運動も (οὐδ' ἡ ἄνω οὐδ' ἡ εἰς τὸ πλάγιον διὰ τῶν κρούσεων φορά, οὐδ' ἡ κάτω διὰ τῶν ἰδίων βαρῶν)、少しもその速さを変えはしない。というのは、これらの運動のどれかがおこなわれる限り、原子は、思想と同じ速さで運動を続けるだろうから、――何かが外部から衝突するか、あるいは打撃を与えたものの力を打消すところの固有の重さの

ためにその運動が弱まるまでは。（『教説と手紙』二五─二六頁）

上記の引用箇所にあるように、下方への運動は原子固有の重さによるわけであるが、しかしながらこの「重さ」だけでは、原子の離合集散はありえない。というのも、すべて垂直に落下する原子はその速度に遅速はないので、重い原子が軽い原子に追突するという事態は生じないのである。とすると、原子の衝突が起こらなければ、諸世界の生成もありえない。ここで原子の「傾動」というものが導入される。これについては、エピクロスの現存するテキストにはなく、次に論じるルクレティウス（Titus Lucretius Carus 前九九─五五年）の『事物の本性について』が主たる典拠である。エピクロスは上記のように自然を捉え、つまりは私たち自身のこともそのような原子と空虚という世界の中で生きる存在者として捉えることになる。

さて次に、エピクロスの原子論を高らかに歌い上げたルクレティウスの『事物の本性について』（藤沢令夫・岩田義一訳、筑摩書房）[3]を取り上げる。主に、先に取り上げたエピクロスの原子論で簡単に触れた、「傾動」について論じる。ルクレティウスは古代ローマの詩人哲学者であり、エピクロス哲学の原子論的自然観を詳述した科学的啓蒙書でもある長詩『事物の本性について（*De Rerum Natura*）』を残したことで有名な人物である。以下ではこの『事物の本性について』から引用しつつ、エピクロス哲学についてまだ解説していなかった部分を紹介し論じていく。

ルクレティウスはまず、「万物の根源（primordia：最初のもの・もとのもの、いわゆる「原子」）」について、「その根源から自然は万物を生み、育て、太らせ、その根源へとまた自然は、事物が亡びるにあたってこれを分解する」と述べる。さらにルクレティウスが言及するところのこの「根源［原子］」とは、「物の素材とか生成の元とか物の種子とか呼び、そのものをまた基本物体（corpora prima）と名付ける習わしである」ところのものである（『事物の本質について』二九二頁）。

そのような原子の運動についてはまず、「もし元素（アトム）が静止しており、静止していながら物の新しい運動をうみだすことができると考えるなら、あなたは真実な推論から遠く隔たっているのだ」と釘を刺す。つまり原子の運動の状態に関しては静止というものはありえないとし、その理由としては、「空虚の中を彷徨うからには、物の元素（アトム）は悉くそれの重さ（gravitate sua）か、それともまた他の元素（アトム）からの衝突によって（ictu forte alterius）運動するに違いないのだから」としている。この点は先述のエピクロスのところで確認した原子の二種類の運動のことを述べていることになろう。つまり原子は「度々正面から衝突してすぐにさまざまな向きに飛び散る」が、「それは少しも驚くにあたらない」。「なぜなら元素は非常に固く、重く、強いし、何物も後から引きとめない」からである（以上『事物の本性について』三一四頁）。

そして重さによる運動についてはエピクロスの現存する文献にも記されていたが、先に引用した箇所で欠如していた「傾動」については、ルクレティウスは次のように述べている。

［前略］つまり粒子（アトム）が空虚をとおってまっすぐにそれ自身の重さのため（ponderibus propriis）下に向かって進む時、時刻もまったく確定せず（incerto tempore）場所も確定しない（incertis locis）がごくわずか、その進路から、外れることである。少なくとも運動の向きが変わったと言えるほどに。もし外れないとしたら、すべての粒子（アトム）は下へ向かって、ちょうど雨滴のように、深い空虚をとおっておちてゆき、元素（アトム）の衝突もおこらず、衝撃も生ぜず、こうして自然は何ものをも生みださなかったであろうに。（『事物の本性について』三一七頁）

上記の引用箇所からは次のようなことが読み取れよう。まず先述したように、エピクロスはまず原子の特性として「重さ」を導入する。デモクリトスの原子論では、原子は始源的にあらゆる方向に運動していたと考えられるのに対し、エピクロスの原子論においては、この「重さ」の導入によって、原子の運動の始源状態はその重さによる垂直落下運動（必然的運動）と考えられ、あらゆる方向への運動はむしろ二次的なものとされる。次にこの一次的な垂直落下運動から二次的な無差別方向への運動を媒介するものとして、「方向の偏り・傾動（παρέγκλισις：パレンクリシス［ギリシア語］、clinamen：クリーナーメン［ラテン語］）」が導入される。つまり上記の引用文にあるように、原子は重さを原因とする垂直落下運動の途中で、「時刻もまったく確定せず場所も確定しないがごくわずか、その進路から外れる」のである。

これは原子の運動に偶然性の契機を導入したことになり、したがって事物の運動を必然性と偶然性との統一として捉えることになる。デモクリトスの原子論ではこの世界のすべては原子と空虚から成っており、原子の運動は必然的なものである。つまり私たちの身体を構成しているのは原子であり、その意味では身体の動きも必然的なものとなろう。さらにデモクリトスの原子論では私たちの精神的活動を担う「魂」もある種の原子からなるとみなされている。よって「魂」そのものも「必然」の原理に従うことになり、この世のすべての事柄（物体的・精神的）は必然的ですでに決定されていることになってしまう（いわゆる決定論）。

よってエピクロス派の原子論は、この「方向の偏り・傾動」の導入によって、デモクリトス原子論の単純な決定論を拒否したことになろう。この、原子論への「方向の偏り・傾動」の導入は、エピクロスの倫理学を参照する時、さらに明瞭に理解することができる。エピクロスの倫理学は精神の平静と肉体の無苦（健康）を目的とするものであるが、そもそも、倫理（学）が成り立つためには、諸個人における選択と忌避の自由の存在、すなわち自由意志の存在が必要となる（自由意志が存在しなければ、すなわちすべての行為が必然であるならば、「いかに生きるべきか」を説いても無意味である）。デモクリトスの原子論をそのまま継承しただけでは、その原子論は決定論であるので、人間の自由意志なるものの存在する余地はない。そこでエピクロスは自由意志の働きの基礎を、自らが手を加えた原子論における原子の運動の「方向の偏り・傾動」に求めることになる。

しかしこの偶然的な「方向の偏り・傾動」がすぐに自由意志と結び付くかどうかは疑問である。「方向の偏り・傾動」は先行する因果系列を断ち切るものではあるが、これによって説明可能なのはせいぜい突発的な衝動行為ぐらいではないだろうか。いずれにせよ、エピクロスは唯物論の立場を堅持しながら、自由意志の働きを原子のこの「方向の偏り・傾動」によって解決しようと試みたのであり、このことは充分に評価されるべきであろう。つまりエピクロスやルクレティウスの原子論は、単に「アタラクシア」に至るための自然研究の基本的枠組みとして必要不可欠なものであるばかりでなく、「アタラクシア」を成り立たせる条件としても必要不可欠なものとして構築されているということである。したがってエピクロスやルクレティウスの原子論においても、世界をどのように認識し捉えるかということと、いかに生きるべきかという問題が密接に関係していると言える。

3 古代懐疑主義

懐疑主義とは一般的には、知識の可能性を否定する思想であり、積極的な主張や断定を避け、あらゆる事柄に関して判断を保留する考え方である。独断論（ドグマティズム）に対立する考え方とも言える。もともとは「考察する・探求する」を意味するギリシャ語、「スケプトマイ（σκέπτομαι）」が語源である。この動詞が名詞化した「探求者・考察者（οἱ σκεπτικοί）」は、そもそも哲学者一般を意味する言葉であった。しかしながらヘレニズム時代になると状況が少し変化し、探求を継続することそのものに価値を認める人々が出現してきた。そういう人々は探究を停止させてしまう原因がまさしくドグマであると考え、そのようなドグマに執着してしまう人々のことをドグマティコイ（独断論者）と呼んだ。これに対して彼らは自分たちのことをスケプティコイと称することになる（彼らが独断論者の典型とみなしたのが本章第1節で論じたストア主義である）。こういったことから、「スケプティコイ」という言葉は、あらゆる判断を避けてドグマに至ることなく探求を続ける人々のことを意味するようになった。この点については、セクストス・エンペイリコス『ピュロン主義哲学の概要』（金山弥平・金山万里子訳、京都大学学術出版会、一九九八年）[4]の冒頭（第I巻第一章）に次のように記されている。

人々が何か物事を探求する場合に、結果としてありそうな事態は、探求しているものを発見するか、あるいは発見を否認して把握不可能であることに同意するか、あるいは探求を継続するかのいずれかである。たぶんこの故にまた、哲学において探求される事柄についても、真実を発見したと主張した人々もいれば、真実は把握できないと表明した人々もおり、また他に、さらに探求を続ける人々もいるのであろう。そしてこの内、真実を発見したと考えるのは、アリストテレス派、エピクロス派、ストア派、その他の人々のように、固有の意味でドグマティスト

（δογματικοί）と呼ばれている人たちであり、また把握不可能であると表明したのは、クレイトマコスやカルネアデスの一派、およびその他のアカデメイア派であり、そして探求を続けるのは懐疑派（σκεπτικοί）である。（『概要』六頁）

上記のような懐疑主義者は、あらゆる事柄に関して判断保留（ἐποχή：エポケー）の態度をとり、そのことを通して心の動揺を免れて、この当時幸福であることの典型とみなされていた無動揺（アタラクシア）の状態に至ることを試みた。

哲学史上、最初の本格的な懐疑論者とされるのは、エリスのピュロン（Pyrrhon 前三六五―二七〇年頃）である。アリストテレス（Aristoteles 前三八四―三二二年）とほぼ同時代の人で、アレクサンドロスの東征にも加わり、インドまで行ったとされている。ピュロンには著作がなかったので、彼の思想は弟子のティモン（Timon 前三二〇頃―二三〇年）の著作（断片のみ現存）によって後世に伝えられた。ティモンによれば、ピュロンは無判断を徹底することによって無動揺の境地に到達できることを説いたそうで、そのようにしてピュロンは「学者たちの見解や空しい理論」から抜け出て「心静かに暮らし」たようである（ディオゲネス・ラエルティオス『ギリシア哲学者列伝』、岩波文庫、下巻一五四―一五五頁などを参照）。

このピュロンとティモンの後、懐疑主義の発展に貢献したのは、アカデメイアの第六代学頭、アルケシラオス（Arkesilaos 前三一五—二四〇年頃）である。彼の懐疑主義は、ソクラテス（Sokrates 前四六九年頃—三九九年）に見られる批判的精神と一種の不可知論からの発展とみなすことも可能である。アルケシラオスの批判的活動の標的は、ゼノンが創設した当時の代表的なドグマティスト学派、ストア主義だった。本章第1節で論じたストア主義の認識論では、私たちが持ちうる表象の一種として把握しうる表象というものがあるとされる。この把握しうる表象とは、存在しないものからは生じえない表象、この世界に成立している事態をそのまま映している真なる表象である。この種の表象を承認（同意）するのが正しく認識するというはたらきであり、この真なる認識に基づいて知識（ἐπιστήμη：エピステーメー）が生じる、とされた。

アルケシラオスはストア主義のこの理論に対していくつかの反論を提出する。特に彼によれば、そもそも把握しうる表象なるものが存在しない、とされる。というのもどんな内容の表象でも、どんなに明晰な表象でも、偽の表象（例えば幻覚や夢における表象）となりうるからである。そしてストア主義の理論からすれば、把握しうる表象が存在しないならば、認識も知識もありえない。となると誤りを避けるために、つまり臆断を避けるために、いかなる表象にも同意せず、判断を保留しなければならない、ということになる。こうしてアルケシラオスは、人間の究極目的はエポケー（無断定・判断保留）であると主張することになる。[5]

アルケシラオスは直接ピュロンの教説を受け継いだものではなかったが、ピュロンの名の下にピュロン主義[6]を興したのが、アイネシデモス（Ainesidemos 紀元前一世紀頃）である。もともとアカデメイアで学んでいたアイネシデモスは、当時のドグマティズムに傾きつつあったアカデメイアに失望し、真正の懐疑主義に立ち戻るために、ピュロン主義を提唱した。このピュロン主義の思想は今日、セクストス・エンペイリコス（Sextos Empeirikos 二―三世紀頃）の著作を通して知ることができる。アイネシデモスは、人々をエポケーへ導くための主要な論証を整理して一〇項目にまとめた。それらは「エポケーの一〇のトロポイ（τρόποι：方式）」と呼ばれる。これらに関しては、セクストス・エンペイリコスの『ピュロン主義哲学の概要』第I巻第一四章に記されており、以下ではそれらを要約しつつ紹介していく。

　第一のものは「動物相互の違いに基づく方式（ὁ τρόπος παρὰ τὴν τῶν ζῴων ἐξαλλαγήν）」である。これは動物相互の違いのために、同じ事物に由来するからといって同一の表象が受け取られるわけではないことを示す議論である。つまり各種の動物の生まれ方の違いや、身体構造の違いによって、動物が表象を受け取る諸情態は大きく対立し、そのことからそれらの情態は互いに折り合わず、調和せず、抵触する性格のものになってしまう可能性は大である。したがって「動物の相違に応じて同一の物事が似ていないものとして現れるとすれば、私たちは、存在する事物が私たちにどのようなものとして観取されているか、ということは言うことができても、それが自然本来的にどのようなものであるか、ということについては判断を保留する（ἐπέχω）ことに」（『概要』三三―三四頁）なる。しかも人間の受け取る表象が、他の動物が受け取るものよりも正しいという保証はない。

第二のものは「人間どうしの相違に基づく方式（ὁ τρόπος παρὰ τὴν τῶν ἀνθρώπων διαφοράν）」である。人間だけを考えてみても、まず身体という側面に関しても、それぞれ「外形と固有体質において異なって」（『概要』三四頁）いる。加えて魂（精神、思考）という側面に関しても、人間は相互に異なっている、ということがありそうなことである。このことの証左としては、何を選択し、何を斥けるべきかという問題をめぐって、ドグマティスト達の主張が互いに反目しているという事実を挙げることができる。したがって「私たちは、存在する事物の各々が、各人の相違に応じていかなるものとして現れるかということはたぶん言うことができても、そのものが自然本来的にいかなるものであるかということは、表明することができない」（『概要』四六頁）ということになる。

第三のものは「感覚器官の異なる構造に基づく方式（ὁ τρόπος παρὰ τὰς διαφόρους τῶν αἰσθητηρίων κατασκευάς）」である。諸々の感覚が互いに異なっていることは自明である。例えばリンゴは、滑らかで（触覚）、香りがよく（嗅覚）、甘く（味覚）、赤いもの（視覚）として感じられる。しかしこの場合のリンゴは、これらの諸性質だけを持つものなのか、それとも実際は単一の性質のものであるのか、あるいはもっと多数の性質から成り立っているのか、よく分からない。つまりリンゴが自然本来的にどのようなものであるのかということは、私たちには不明瞭なことなのである。

第四のものは「情況に基づく方式（ὁ τρόπος παρὰ τὰς περιστάσεις）」である。この方式はつまり、私たちが「自然に適った状態にあるか自然に反した状態にあるか、目覚めているか眠っているか、年齢はどうか、動いているか静止しているか、憎んでいるか愛しているか、欠乏しているか満腹であるか、酔っているかしらふであるか、先行する状態はどのようであるか」（『概要』五二頁）などの情況によって、受け取られる表象は異なってくる、ということである。したがって「状態の違いに応じても変則性［表象の受け取られ方の違い］はこれほど大きいのであり、また人々は、その時々に応じて絶えず異なる状態にあるのだから、存在する事物のそれぞれが各人にどのように現れるかということはたぶん容易に言うことができるだろうが、それがどのようなものであるかということは、もはや言うことができない」（『概要』五五—五六頁）だろう。

第五のものは「置かれ方と隔たりと場所に基づく方式（ὁ τρόπος παρὰ τὰς θέσεις καὶ τὰ διαστήματα καὶ τοὺς τόπους）」。例えば同じ塔が、遠くからは丸いものとして、近くからは四角いものとして現れたり、同じオールが、水中では折れ曲がって現れるが、水の外ではまっすぐのものとして現れたりする。したがって、「およそ現れるものはすべて、何らかの場所で、何らかの隔たりから、何らかの置かれ方によって観取されるのであり」（『概要』五九頁）、「それらの各々に基づき表象に多大の相違が生じるのであるから、これらの方式によってもまた、私たちは判断保留に到達せざるをえないことに」（『概要』五九—六〇頁）なる。

第六のものは「混入に基づく方式（ὁ τρόπος παρὰ τὰς ἐπιμιξίας）」である。この方式の議論は次のようなものである。「存在する事物の内に、私たちが純粋にそれだけで感取するものは何もなく、いずれも何かといっしょに感取されるのであるから、外部の事物と、外部の事物がそれといっしょに観て取られるその当のものとが混合した結果が、どのようなものであるかということは、おそらく言うことができるかもしれないが、しかし、外部に存在する事物が純粋にどのようなものであるかということは、私たちには言うことができないであろう」（『概要』六一頁）。

第七のものは「存在する事物の量と調合に基づく方式（ὁ τρόπος παρὰ τὰς ποσότητας καὶ σκευασίας τῶν ὑποκειμένων）」である。これは例えばヤギの角の削り屑は、そのままでは白いものとして現れるが、それらが構成されて角が存立している場合には黒いものとして現れる。あるいは種々の単純な薬剤を正確に調剤すると、そのようにして構成されたものは有益なものになるが、ほんのわずかな計量の誤りによって、有害なものにもなりえる。このようにして「量と調合とに基づく議論は、外部に存在する事物の存立を混乱させる」（『概要』六五頁）ことになる。つまり外的対象の本性は、量と調合によってそのつど異なるものとして現れるので、その本性については判断保留するしかない。

第八のものは「相対性に基づく方式（ὁ τρόπος ἀπὸ τοῦ πρός τι）」。この議論は、「あらゆるものは相対的であるから、それらが無条件に、また自然本来的に何であるかということについて私たちは判断を保留するであろう」（『概要』六六頁）、というものである。あらゆるものが相対的であることの理由は、これまでの方式の中にもいくつも具体例が出てきていた。

第九のものは「頻繁に遭遇するか、稀にしか遭遇しないかに基づく方式（ὁ τρόπος παρὰ τὰς συνεχεῖς ἢ σπανίους ἐγκυρήσεις）」である。「同じ事物でも、頻繁に遭遇するか稀にしか遭遇しないかに応じて、ある場合には驚愕すべきもの、あるいは貴重なものであると思われ、別の場合にはそのようなものであるとは思われない」ことがある。したがって「それらの事物のそれぞれが、頻繁に遭遇する場合、あるいは稀にしか遭遇しない場合に、どのようなものとして現れるかを言うことはたぶん私たちに可能」だが、「外部に存在する事物のそれぞれが無条件にどのようなものであるかを言明することは、私たちにはできない」（『概要』七〇頁）のである。

第十のものは「生き方と習慣と法律と、神話を信じることと、ドグマティストの想定に基づく方式（ὁ τρόπος παρὰ τὰς ἀγωγὰς καὶ τὰ ἔθη καὶ τοὺς νόμους καὶ τὰς μυθικὰς πίστεις καὶ τὰς δογματικὰς ὑπολήψεις）」である（『概要』七〇頁）。これは外的対象は特定の慣習によればしかじかのものであると言うことはできても、それ自体としてはどのようなものであるかを言うことはできない、という議論である。

以上アイネシデモスの「エポケーの一〇の方式」を参照したが、これらの議論に共通しているのは、どのような対象を認識するにせよ、それはその対象の一側面（この動物にとって、人間にとって、あの人にとって、この位置から見て、この距離から見て、などなど）を捉えることにしかならず、その対象の本性を捉えることはできないということである。これは単にそれらの側面を過不足なく集めあげればその対象の本性が明らかになるということではなく、それらの側面の各々はそれが真であることを保証するものはなく疑いうるものであり、私たちにとっては原理的にその対象の本性を知ることはできないということであろう。このような形でアイネシデモスは疑うことの「方法」を洗練させ、その方法を徹底して用いることでエポケーの状態に至ることを試みた。

このような「エポケーの一〇の方式」を考案したとされるアイネシデモスの後、ピュロン主義の哲学者としてアグリッパ（Agrippa アイネシデモスとセクストスの間に位置するが年代不詳）の名を挙げることができる。彼が考案したものとして、「エポケーの五方式」というものがあり、これもセクストス・エンペイリコスの『ピュロン主義哲学の概要』第I巻第一五章に記されているので、要約しつつ紹介する。

第一は「反目を論拠とする方式（ὁ τρόπος ἀπὸ τῆς διαφωνίας）」である。これは「問題となっている物事に関して、実生活においても哲学者達のあいだでも判定不可能な論争が起こっていることを見出し、この論争ゆえに、何かを選び取ることも斥けることもできないので、判断保留に到達する方式」（『概要』七八頁）である。

第二は「無限遡行に投げ込む方式（ὁ τρόπος εἰς ἄπειρον ἐκπτώσεως）である」。これは「問題となっている物事を確信させるために持ち出されたものが、また別の確信させるものを必要とし、さらにこの後者のものもまた別の確信させるものを必要とする、というようにして無限に遡り」（同上）、結果としてどこから議論を始めればいいのか分からなくなって判断を保留することになる、というものである。

第三は「相対性を論拠とする方式（ὁ τρόπος ἀπὸ τοῦ πρός τι）」である。これは「存在する事物は、判断を行うもの、およびいっしょに観取されるものと相対的に、かくかく、あるいはしかじかのものとして現れるけれども、それが自然本来的にどのようなものであるかということについては」（同上）判断を保留せねばならない、というものである。

第四は「仮設による方式（ὁ τρόπος ὑποθέσεως）」である。これは無限遡行を避けようとするために、何かあるものから出発しなければならないのだけれども、その何かは証明されず単に仮設として採用されたに過ぎないので、議論自体が疑わしいものになってしまう、というものである（『概要』七九頁）。

第五は「相互依存の方式（ὁ τρόπος διάλληλος）」である。これは「探求されている物事を確立すべきものが、探求されている物事に基づいて確信されることを必要とする場合に成り立つ」（同上）。つまりこの場合には、いずれか一方を立論するためには、他方のものを採用せねばならないのに、そもそもその後者が成り立つためには前者が成り立っていることが必要である。これは論点先取となってしまい、そうであれば私たちは双方について判断を保留しなければならないだろう。

以上がアグリッパの「エポケーの五方式」であるが、特に上記の第二、第四、第五の三つをひとまとまりにして、「アグリッパのトリレンマ」と呼び習わすことがある。つまりここでの問題となっている物事・探求されている物事は、感覚される対象か、あるいは思惟される対象かであるのだが、それらのいずれかが真であると主張する人々、どちらも真であると主張する人々、あるいはそれらのそれぞれ一部分が真であると主張する人、さまざまである。このような断定・主張をするためにはその根拠となるものが何であるのかを示さねばならないが、さらに示した根拠の根拠となるものを示さねばならず、これが無限に続いてしまう（上記の第二「無限遡行に投げ込む方式」）。そこでこの無限遡行を避けようとすれば、その遡行を断ち切るものを仮設として提出しなければならないが、しかし仮設はあくまで仮設であり、それ以上疑うことができないものというわけではない（上記の第四「仮説による方式」）。また仮設を諦めて無限遡行をうまく回避していこうとしても論点先取や循環論法に陥ってしまうこともある（第五の「相互依存の方式」）。このようにしてエポケーに至る疑いの方式によれば、知識の正当化は容易には達成されないことになろう。

さてこのようにピュロン主義者たちは、物事が自分にとってどのように現れているかと、物事が実際にどのようなあり方をしているか、をはっきり区別している。そして前者に関しては現れとしてそれをそのまま受け入れて、後者に関してはそれについて判断を慎重に保留している。そのことによって、ドグマや判断に付随するさまざまな動揺（ピュロン主義によればドグマや判断は常に誤りの可能性が残り、間違っているのではないかという不安が付きまとう）から解放されて、彼らが理想とする平静さ（アタラクシア）に至ることができる、と主張した。このようにあらゆる物事に対して判断を保留するという生き方が可能であるかどうか、特に現代の私たちにとってはそのようにして生きるということは非常に至難の業であり疑問であろう。ただ少なくともこのように、古代懐疑主義もストア主義やエピクロス派の原子論と同様に、その理論的な内容はまったく異なるとはいえ、実践に強く結びついた理論を形成し、それを理想的な生を生きるという実践に活用していた、ということは見てとれよう。

また上記の「アグリッパのトリレンマ」に典型的に見受けられるように、このような懐疑主義者たちの議論が、「知識の正当化」には根本的な問題があるということを示した点は注目に値する。このヘレニズム時代の哲学者たちにとっても、現代の私たちにとっても、日常生活においてであれ学問においてであれ、知識や意見・主張をきちんと理由付け・根拠付けるという作業（知識の正当化）を避けて通ることはできないのではないだろうか。現代まで連綿と続く懐疑論の問題、裏を返せば知識の正当化の問題は、この古代懐疑主義によってあぶりだされた問題系の枠組みに則っている。次章では西洋近世における、この懐疑論をめぐる議論を考察していく。

註

（1）以下、ストア主義の創始者ゼノンの思想を簡潔にまとめるが、資料としては主にディオゲネス・ラエルティオス『ギリシア哲学者列伝』（加来彰俊訳、全3巻、岩波文庫、一九八四―九四年）の第七巻第一章（中巻二〇五―三二九頁）を用いる。以下の引用箇所の頁数はこの岩波文庫のものであり、『列伝』と略記する。なお括弧内の原語であるギリシャ語に関しては次の文献で確認した。H. S. Long (ed.), *Diogenis Laertii Vitae Philosophorum*, 2 vols. (Oxford University Press, 1964).

（2）以下、エピクロスからの引用は、次の文献による。『エピクロス　教説と手紙』（出隆・岩崎允胤訳、岩波文庫、一九五九年）。以下の引用箇所の頁数はこの岩波文庫のものであり、『教説と手紙』と略記する。なお括弧内の原語であるギリシャ語に関しては次の文献で確認した。Hermannus Usener (ed.), *Epicurea* (Stuttgart, B. G. Teubner, 1966).

（3）以下、ルクレティウスからの引用は、次の文献による。ルクレティウス『事物の本性について』（藤沢令夫・岩田義一訳、『世界古典文学全集　二一　ウェルギリウス・ルクレティウス』（筑摩書房、一九六五年）所収）。以下の引用箇所の頁数はこの文献のものである。なお括弧内のラテン語に関しては、Loeb Classical Library シリーズの第一八一巻、*Lucretius* (Harvard University Press, 1924) で確認した。

（4）以下、セクストス・エンペイリコスからの引用は次の文献による。セクストス・エンペイリコス『ピュロン主義哲学の概要』（金山弥平・金山万里子訳、京都大学学術出版会、一九九八年）。引用箇所の頁数はこの本のものであり、『概要』と略記する。括弧内の原語であるギリシャ語に関しては、Loeb Classical Library シリーズの第二七三巻、*Sextus Empiricus I* (Harvard University Press, 1933) を参照した。

（5）以上アルケシラオスに関しては、セクストス・エンペイリコス『学者たちへの論駁　2』（金山弥平・金山万里子訳、京都大学学術出版会、二〇〇六年）、七五―七八、一一八、一七六―一七九頁などを参照されたい。

（6）古代懐疑主義の代表であるピュロン主義について論じられた最近の論文を集めたものとして、次の文献を参照されたい。Walter Sinnott-Armstrong (ed.), *Pyrrhonian Skepticism* (Oxford: Oxford University Press, 2004).

第2章……モンテーニュの懐疑主義とデカルトの方法的懐疑

はじめに

西洋ではルネサンス以降、古代ギリシャの文献が次々とラテン語訳され、それに伴い古代ギリシャに端を発する原子論や懐疑主義などが一種の流行思想となった。これらの思想はそれまでキリスト教文化においては排除されてきたものであり、なぜなら原子論や懐疑主義はある面でキリスト教とは折り合いが悪いからである。つまり原子論はこの世界のすべて（自然物や私たち人間の魂に至るまで）を原子という最小粒子で捉えようとするため、原子論に従えば、人間の肉体が滅びてしまえば（肉体を構成する原子がバラバラになれば）、同時に魂を構成する原子群も分解して魂も滅びてしまうことになってしまう。この事態は魂の不死性を前提とするキリスト教にとっては非常に都合が悪いものだろう。また懐疑主義もあらゆることを疑うが故に、神の存在をも疑うことにつながりうる（厳密に言えば懐疑主義は、神の存在についての判断を保留するだけであり、神の存在を否定するわけではない）。したがって原子論（あるいは唯物論）や懐疑論に与することは、無神論者のレッテルを貼られることになってしまう。

しかしながら西洋近世においてはそのようなキリスト教にとっての難点を回避しつつ、原子論や懐疑主義を利用して自らの思想を展開する哲学者が続々と現れることになる。本章ではその具体例としてまず第1節でモンテーニュの「信仰主義」を、次に第2節と第3節でデカルトの「方法的懐疑」を論じよう。以下で詳しく論じていくように両者ともに、前章第3節で論じた古代懐疑主義のように、私たちは知識を手に入れることができないと主張するわけではない。最終的にはそれぞれある絶対確実な真理が存在することを提示するわけであるが、その結論に至るまでの議論において、両者ともに古代懐疑主義で論じられたような議論を巧みに使用しているのである。それらの論証においては古代懐疑主義にはあまり明示的に見受けられなかったような要素も含まれており（特に宗教的要素、キリスト教的な神概念がそれらの議論に影を落としている）、そのことは懐疑論をめぐる議論にさらなる多様性をもたらすことにもなった。また特にデカルトの「方法的懐疑」という手法は近世以降の哲学に大きな影響を与えたし、それについては本書次章以降で少しずつ論究していくことにするが、ここではまず両者の思想内容を具体的に確認し論じていこう。

1　モンテーニュの信仰主義

前章では古代懐疑主義について検討してきたわけだが、西洋中世においてはセクストスの著作はほとんど知られず、懐疑論的な主張はもっぱらキケロ（Marcus Tullius Cicero 前一〇六年―四三年）の『アカデミカ』という書物によって知られるだけだったようだ。この状況が劇的に変化するのは一五六〇年代にセクストスの書物のラテン語訳が出版され始めてからであり、セクストスの書物はディオゲネス・ラエルティオスの書物における懐疑主義的議論と共に、近代以降の認識論に大きな影響を与えることになった。[1]この時代は周知のとおり、一方で一六世紀のルター（Martin Luther 一四八三―一五四六年）らによる一連の宗教改革によって、宗教・信仰という面で大いに揺れ動き変化があった。他方でいわゆる自然科学の面においても、コペルニクス（Nicolaus Copernicus 一四七三―一五四三年）の地動説に端を発する科学革命が生じた時代でもある。つまりこの世界をどう捉え認識するかという点で大きな変革が起こったのである。そのような新たな知の枠組みを作りだそうとする動きにヒントを与えたものの一つが、これから見ていくように懐疑主義である。

ここでは、当時の流行思想となったピュロン主義的懐疑論の一例として、モンテーニュ（Michel de Montaigne 一五三三―九二年）のピュロン主義を紹介したい。これはいわば「キリスト教的ピュロン主義」と呼べるものであり、つまり懐疑主義は人間の理性や判断力の無力さを暴くものとして捉えられ、唯一確実な知識・真理は信仰と啓示によって与えられるという「信仰主義（fidéisme）」の基盤となった。この思想が特徴的に表明されているのがモンテーニュの『エセー（*Essais*）』（一五八〇年初版刊行）第II巻第一二章、「レーモン・スボン弁護（Apologie de Raimond Sebond）」である。以下ではこの章からピュロン主義的議論をいくつか取り上げて論じていく。

まずはこのモンテーニュのエッセイの話題となった、レーモン・スボンとその著作について簡潔に述べておこう。レーモン・スボンは、一五世紀にトゥールーズで活動した、スペインはバルセロナ生まれの神学者で、ラテン語で大部の神学書『自然神学あるいは被造物の書（*Theologia naturais, sive Liber creaturarum*）』（一四八四年出版）を記した人物である。この本は人間理性をよりどころにして合理的にキリスト教信仰の真理を証明しようとする、理神論的内容の書物である。モンテーニュ自身、あるきっかけがあってこの本を自分でフランス語に翻訳し出版した。これから紹介する『エセー』第II巻第一二章（この章は『エセー』初版では全体の四分の一の分量を占めていた）は、このレーモン・スボンの書物を扱ったものであるが、表題から予想されるような単なる神学者弁護・理神論弁護の枠を大きく外れて、人間理性の無力を強調する内容がその多くを占めるという構成になっている。

この長大な章を要約したり、モンテーニュが最終的に結論したかったことを論じるのは長くなるし、本書の主旨とは必ずしも直接関係しないので、以下ではこの「レーモン・スボン弁護」に現れている懐疑主義的な議論のいくつかを引用を交えつつ論じていく(2)。まずこの第II巻第一二章を三分の一ほど読み進めたあたり、哲学や学問の無力さを、具体例を挙げつつ強調している箇所がある。学問はいろいろなことを知識として私たちに提供するが、果たしてどれほどの効果があるものなのか、無知がもっと純粋に明白にやってのけることとどれだけの違いがあるのか、とモンテーニュは問いかける。そこでモンテーニュは、「哲学者ピュロン（Le philosophe Pyrrhon）は、海の上で大嵐の危険にあった時、一緒にいた人々に、その大嵐を目の前に見ながら少しも恐れない同船の豚が平気でいるのを真似するように、すすめただけだった」（『随想録』八八六頁）という逸話を記している。つまり、肝心な時には人間の知恵など動物の行動にも劣るものとなる、ということをこのエピソードを用いて言いたいようである。

他にもピュロンやピュロン主義について述べた箇所がある。

ピュロンその他のスケプティックすなわちエペシストたち（Pyrrhon et autres Sceptiques ou Épéchistes）は、［中略］自分たちはまだ真理を探究しつつある者だ（qu'ils sont encore en cherche de la vérité）という。これらの人たちは、真理を見出しえたとする人々を非常に誤っていると判断するとともに、人間の力はとうてい真理に到達しえないと断言する第二段階の人々にも、あまりに大胆な虚栄があると判断する。まったく、こういうふうに私たちの能力の限度を確定したり、事物の困難を認識したりすることは、一つの偉大にしてきわまれる知識（une grande et extrême science）の始めてよくすることであって、そんなことがはたして人間にできるだろうかと、彼ら［判断中止論者たち］は疑っているのである。（『随想録』九〇六頁）

ここでモンテーニュはピュロンに代表される「スケプティコイ（探究者・考察者、ひいては懐疑論者）」を取り上げ、彼らがいわゆる「ドグマティコイ（独断論者）」とその逆の立場双方を適切に非難していると指摘している。つまり本書第Ⅰ部第1章第3節冒頭で確認したように、ピュロンら「スケプティコイ」とは「あらゆる判断を避けてドグマに至ることなく探求を続ける人々」のことであるが、彼らにとっては人間が独力で真理を見出しえたと判断し主張することも、逆にどんな仕方でも真理に到達できないと判断し主張することも、等しくドグマに過ぎず、疑わしいものなのである。そして上記の引用箇所の後半に示唆されているように、そのような判断・断定ができるとすれば、それは全知全能の神しかいないのであろう。

結局モンテーニュはこのピュロン主義を、信仰を自分の身に引き受けるために適切なものとして捉えているようである。次のように述べている箇所がある。

人間が考え出した諸説の中で、このピュロニズムほど真実らしさと有効性とを含んだものはない。この説が推称するのは、裸で頭の中のからっぽな人間（l'homme nu et vide）である。自ら生まれつきの弱さを認めていて、天から自分にない何らかの力を受けるにふさわしい、そして人間の学問にわずらわされていない（dégarni d'humaine science）、したがってそれだけ神の学問を自分の中に宿らせるのにふさわしい、そういう人間である。自分の判断をむなしくしてそれだけ信仰に席をゆずる人間、不信者でもなく一般の習慣に逆らうどんなドグマも立てない人間、謙遜で従順で教えやすく熱心で、異端をはなはだしく敵視し、したがって誤った諸々の宗派が持って来た空虚不敬な所説には少しも与しない人間である。（『随想録』九一二頁）

つまりここでは人間自身が考え出した知識の中には真実のものはなく、真実の知識は神によって・信仰によって与えられるということが強調されている。ピュロン主義のようにあらゆることに対してドグマに陥ることなく適切に判断を保留しつつ、かつ真理を追い求めて探求を続けている状態は、キリスト教への信仰によって神から与えられる真理を受け入れるのに最も適しているということなのだろう。またモンテーニュは「知識の正当化」という問題に対しては「信仰と啓示」によって答えたということになり、しかもその結論に至るための手段として懐疑主義的な議論を利用しているということにもなろう。その点は、人間理性が生み出す知識の多種多様性、矛盾性を指摘して、人間理性の無力さを強調する次の箇所からも明らかだろう。

それに私たちの知識の中には、私たちが自然に対して課したり命じたりしたあの立派な規則と矛盾する事柄が、いかにたくさんあることか。しかも私たちは、神様までもそのような規則に結び付けようと企てる。いかに多くの事柄を、私たちは奇跡だ不自然だと呼んでいることか。それは各人・各民族により、それぞれの無知の度に応じて、いろいろさまざまである（Cela se fait par chaque homme et par chaque nation selon la mesure de son ignorance）。［中略］まったく自然に従ってゆくというのは、私たちにとっては、結局、私たちの理解の及びうる限り、私たちの目のとどく限り、私たちの理解に従ってゆくということに過ぎないのである。つまり、その向こうにあるのはみな奇怪で無秩序なのである。（『随想録』九四六―九四七頁）

以上、非常に断片的ではあるが、一六世紀後半に活躍した思想家モンテーニュにおけるピュロン主義についていくつか紹介し論じてきた。モンテーニュは古代懐疑主義の議論の枠組みを受け継いでいるが、それをそのまま踏襲しているわけではない。それを彼自身の、その時代に生きる者としての観点に即して改変している。つまり彼は、当時の人々にとっての過去の哲学を学び、それを利用することを通して自らの思想的立場を打ち出したことになろう。前章で論じたヘレニズム時代の三つの思想的立場も、世界をどのように認識するかという点では互いに異なっていたが、そのような認識論的な問題と、いかに生きるべきかという実践的・倫理的問題は密接に結びついていた。ここで確認してきたようなモンテーニュの「信仰主義」という観点自身も、この時代のキリスト教を取り巻く状況に大きく影響されたものであり、実践的・倫理的問題に大きく関わっているが、それと同時に古代ギリシャの思想的遺産を有効に活用して、「何をどのように知識として正当化できるのか」という認識論的問題に一つの回答を与えたことになるだろう。

2 『方法序説』と第一省察におけるデカルトの「方法的懐疑」

デカルト（René Descartes 一五九六―一六五〇年）が活躍した一七世紀においても、懐疑主義は当時の思想界に大きな影響力を持つものだった。モンテーニュの場合は自身の信仰主義の足固めとして懐疑主義的な議論を利用したが、デカルトはモンテーニュとは異なる仕方で懐疑主義的な議論を利用する。デカルトは彼の形而上学においてあらゆる学が拠って立つところの確固不動の土台を見出し、その土台の上に他のすべての学問を築き上げようと意図した。彼は『哲学の諸原理（*Principia Philosophiae*）』（一六四四年出版［ラテン語］、仏訳は一六四七年出版）の仏訳の序文において、「哲学全体は一本の樹のようなものであって、その根は形而上学であり、その幹は自然学であり、この幹から出ている枝は諸々の学問すべてであって、これらは三つの主要な学問、すなわち医学と機械学、道徳とに帰着する（AT, IX-2, 14）」と述べている。(3) この言述からデカルトが学問を構築するにあたってどのような構図を頭に描いていたかを推し量ることができるだろう。

そしてデカルトが、あらゆる学の土台・根となる形而上学において、その第一の真理を見出すために用いたのが、いわゆる「方法的懐疑」と呼ばれる手法である。本節ではその「方法的懐疑」と呼ばれている議論を紹介し論じていく。『方法序説（*Discours de la Méthode*）』（一六三七年出版）におけるものと、『省察（*Meditationes de Prima Philosophia*）』（一六四一年初版、一六四二年第二版）におけるものである。まず『方法序説』における「方法的懐疑」だが、デカルトはこの著作の第四部で彼の思索の土台となる彼独自の形而上学を簡潔な仕方ではあるが開陳している。そしてその土台に辿り着くために、後の『省察』同様、「ほんのわずかでもそこに疑いを思い描くことができるものはすべて、絶対的に偽なるものであるとして拒絶し、そしてその後に私の信念の中に何かまったく疑いえないことが残らないかどうか見る」（AT, VI, 31）という、いわゆる「方法的懐疑」という手段をとることになる。

ここでは「感覚」が欺くということ、幾何学において誤謬推理が生じうること、そして私たちが覚醒時に抱く「考え、思惟（pensée）」は夢幻（つまり真でない）かもしれない、という三つの懐疑理由を挙げている。これらの懐疑理由を列挙した後、デカルトは次のように早々と結論付ける。

私は直ちに次のことに気付いた。あらゆるものが偽である、と私が考えている間は、そのことを考えている私は必然的に何ものかであらねばならない、と。そして「私は思惟する、故に私はある（*je pense, donc je suis*）」というこの真理は、懐疑論者たち（sceptiques）のどんなに突飛な想定をもってしても揺り動かしえないほど、堅固で確実なものであるということを私は認めたので、私はためらいもなく、この真理を私が求めていた哲学の第一原理として受け入れることができる、と判断した。（AT, VI, 32）

デカルトはこう判断した後、そこから導かれるものとして、「私」が一つの実体であり、その属性が「考えること（de penser）」であることを認める。また、さらに探求を進めていくための一般的規則として、「私たちが極めて明晰にかつ判明に認識するところのものはすべて真である」（AT, VI, 33）というものを採用する。そしてこうしたことを議論した後、デカルトは「疑っている」ということが不完全さの証の一つであることに気付き、「私」より完全な何ものか（つまり「神」）について思いをめぐらすことになる。つまり『方法序説』版「神の存在証明」へと議論が移っていく。ピュロン主義では、あらゆる事柄について疑いうるので、何ものも真であると判断しない、ということが良しとされていた。逆にデカルトは、この懐疑主義的な議論を徹底的に行うことで、どのような疑いに付されても疑いきれないものがあるかどうかを探った。つまりどうしても疑いきれないものを見つけ出すための手段として、「徹底的に疑う」という懐疑主義的な議論を利用したわけである。そこが「方法的」と呼ばれる所以である。そしてデカルトが疑いきれないものとして発見したのが、あの有名な「私は思惟する、故に私はある」という真理である。

次に『省察』における「方法的懐疑」を紹介する。上述した『方法序説』では、懐疑の過程は非常に簡略化されているが、『省察』においては第一省察から第二省察にかけて本格的に懐疑が行われている。ここでは方法的懐疑の過程を、簡潔に順を追って確認し論じていくことにする。まずデカルトは第一省察の冒頭で、「いつか確固不動で永続するものを何か私が諸学問において打ち立てようと願うならば、根本からすべてを一生に一度は覆し、最初の土台から新たに始めるべきである（funditus omnia semel in vita esse evertenda, atque a primis fundamentis denuo inchoandum）」（AT, VII, 17）と述べている。そしてこの最初の土台を見つけるための方法として、次のような手順を採用する。

まったく確実で不可疑である、というものではないものに対しても、明らかに偽であるものに劣らず、気を付けて同意を差し控えるべきであって、それらの意見のすべてを拒否するためには、疑うことの何らかの理由（aliqua ratio dubitandi）を各々の意見の内に見出すならばそれで充分であろう。（AT, VII, 18）

つまり少しでも疑う理由があれば、それを偽なるものと見なして積極的に捨てていき、そういった疑いの果てに何か残るものがあるのかどうかを調べることになる。このような疑いの手順を示した後、デカルトは具体的に懐疑を始めていく。デカルトはまず感覚から得られる知識に対して疑いをかけていく。

これら感覚は時々欺くということに私は気付いており、私たちを一度でも欺いたことのあるものを決して全面的には信用しないことが、分別のあることとである。（同上）

つまり錯覚という現象が生じる、という理由で感覚から得られる知識・意見をすべて拒否することになる。第一省察では錯覚の具体例は挙げられていないが、第六省察では、「時々、遠くからは丸いと見られた塔が、近くで見ると四角いことが明らかになったり、その塔の頂上に立っている非常に大きい彫像が、地上から眺めるとそう大きくないように見えた」（AT, VII, 76）という例が挙げられている。この場合は同じ対象が、条件が異なれば異なったものに見えるというものである。

デカルトはこの時、二つの感覚的知識の一方を真、他方を偽とするのではなく、両者をともに拒否する。そもそも感覚が私たちを欺くということが分かるには、同一対象について異なる意見を持つだけでなく、一方が真で他方が偽、もしくは一方は確実で他方は不確実であるということが認識されていなければならない。このように認識されるためには、当の異なる意見だけではなく、それらの意見に関わる種々の意見もともに考慮されて、一方の意見が相対的に不確実、もしくは偽である、と判断されることが必要である。ここで比較・考慮されている諸々の意見は、デカルトの分類に従えば（外部）感覚から得られる意見であり、この種類の中での確実性の度合に応じて、真偽、確実・不確実が判断され、「欺かれる」という事態が生じる。しかしながらデカルトはさらに一歩進んで、(外部)感覚から得られる意見の内でこのような「欺かれる」という事態が起こり、この事態は(外部)感覚から得られる意見のどれにでも起こりうるということから、この種類の意見をすべて拒否する。すなわち、同じ種類に分類される意見の間での確実性の度合を順序付けるのではなく、それらの意見の内で最も確実なものでも誤りうるという可能性に賭けて、異なった種類の意見へと考察を進めるということになる。

次にデカルトが疑いをかけるのは、「他の多くの、同じく感覚から汲まれはするが、それについてまったく疑うことのできないもの」(AT, VII, 18)であって、具体的には、「今私がここにいること、炉の側に座っていること、冬着を身につけていること、この紙を手に握っていること、こういう類のこと」(同上)である。このような身体的感覚から得られる意見については、夢という現象を用いて懐疑を進めていく。つまり私たちは正常な時であっても、夢の中では事実とはまったく異なったことを経験しうるし、さらには覚醒している時とまったく同じ体験を夢の中でそれが夢と気付かずに体験したことがあったということを指摘する。これらを理由として、デカルトは方法的懐疑を遂行し、「覚醒と睡眠とを区別しうる確実なしるしはまったくない」(AT, VII, 19)と断定する。これによって身体的感覚に関わる意見も偽なるものとされ、現実はすべて夢であるという想定がなされることになる。そもそも夢の中において体験されることが事実と対応しない偽なるものであると分かるためには、覚醒時の体験の方が確実性の度合が大きいということが分かっていなければならない。しかしながらデカルトは覚醒時と睡眠時との確実性の度合の順序付けへと進むのではなく、睡眠時に覚醒時と違わぬ体験をしたことがあるということから、前述の「私たちを一度でも欺いたことのあるものを決して全面的には信用しない」という方針を踏襲して、覚醒は睡眠とは区別されないという方向へ進む。

さて「私たちは夢を見ている」と想定したデカルトは、それでも「必然的に少なくともなお一層単純で普遍的なある他のものは真であると認められるべきである」(AT, VII, 20)とする。つまりデカルトは夢の中でも見られるさまざまな画像に注目し、それらの中で複合されたものについては、その実在性を疑いうるが、それを構成している単純で普遍的な基本的要素については夢の中においてであろうとなかろうと真実のものであると認めようとする。そこでデカルトは、「自然学、天文学、医学、および複合された事物についての考察に依拠するその他のすべての学問はなるほど疑わしい」(同上)とする。しかし他方、「数学や幾何学、およびこの種の、極めて単純で極めて一般的な事物しか取り扱わず、またそれらのものが事物の本性(自然)の内にあるかどうかということにほとんど配慮しない他の学問は、何らかの確実で不可疑なものを含んでいる」(同上)と述べる。つまり感覚的世界全体が懐疑に付されたこの段階でも、数学が対象とするような単純で一般的なものの真理性は主張しうるようである。

しかしながらデカルトはさらに方法的懐疑を遂行し、数学的真理さえも疑おうとする。デカルトは

「すべてを成しうる神が存在して、この神によって現に存在しているようなものとして私が創造された、という古い意見が私の精神に刻み付けられている」(AT, VII, 21) と述べ、この意見に基づき数学的真理について疑いを差し挟む。つまりデカルトは、神が自ら創造したところの人間に対して、明証的な数学的認識においてさえも誤らせることは容易であると想定し、数学的知識についても疑いを差し挟むのである。以上のような方法的懐疑によって、人間の感覚的・知性的認識の対象がすべて懐疑に付されることになる。そして遂にデカルトは次のように宣言する。

結局、かつて真であると私が考えていたものの内には、それについて疑うことが、それも無思慮や軽率によってではなくて強力で考え抜かれた理由によって疑うことが許されていないようなものは何もなく、それ故にまたそれらに対しても、何か確実なものを私が見つけたいと欲するならば、明らかに偽なるものに対するのに劣らず、気を付けて同意を差し控えるべきである、と私は認めざるをえない。(AT, VII, 21-2)

デカルトはこのような方法的懐疑は「強力で考え抜かれた理由によって」遂行されたと述べている。しかしこれまでさまざまな懐疑を遂行する時に用いられていた「理由」はどのような意味で「強力で考え抜かれ」ているのだろうか。この点については次章で考察してみたい。

3 第二省察におけるデカルトの「方法的懐疑」

さて続く第二省察の冒頭では、第一省察でたどった方法的懐疑の過程が簡単ではあるが再びたどられて、「何か確実なものを、あるいは他に何もないならば、少なくとも、確実なものは何もない、というまさにこのことを確実なものとして私が認識するに至るまで、さらに先に進もう」(AT, VII, 24)ということになる。先に第一省察の方法的懐疑において経験されたことからは、「確実なものは何もない、ということの一つのこと」(同上)のみが真なるものとして残る。そうして次にデカルトはそのような考えを「私」はどこから知るのかと問い、それに対してまず神をもち出すが、「私」自身がそういう考えの創作者でありうるという理由からこれを取り下げる。

ここで初めて、「少なくとも私は何ものかであるのではないか」(同上)という問いが立てられる。すなわち、それまでの方法的懐疑においては懐疑者自身にとって外的な対象に関する意見に対して疑いが差し挟まれてきたが、ここではそのような懐疑を実行している懐疑者自身の存在へと目が向けられることになるのである。ここで問われている「私」とはいかなる身分のものなのか。すでに「私」は「私」が何らかの感覚器官をもつこと、そして何らかの身体をもつことを否定している。しかし「私」は、「世界には、天空も、大地も、精神も、物体も何一つない」(AT, VII, 25)と自らに説得している。ここでさらに、「それならば私もまたない、と説得したのではないか」(同上)と問われることになる。

このような自らに説得するという行為を通して、このように行為している「私」の存在が表面化していく。そして、「決してそうではなく、私が何かを自らに説得したのなら、私があったということは確かである」(同上)と明言されることになる。さらに「誰かしらある、きわめて能力があってきわめて狡猾な欺瞞者がいて、故意に常に私を欺く」(同上)と想定したとしても、「彼が私を欺くならば、それ故にこの私があることはまったく疑いのないことであって、彼は力の限り欺くがよく、しかし私が何ものかであると私が考えるであろう間は、私が無であるという事態を引き起こすことは決してないだろう」(同上)とされる。このように欺瞞者がどんなに欺こうとも、何ものにも同意しないと自らに説得している「私」の存在だけは、この欺瞞者もまったくの無にしてしまうことはできない。そしてデカルトは次のように結論する。

「私はある、私は存在する(*Ego sum, ego existo*)」というこの命題は、私によって述べられ、または精神によって捉えられるたびごとに必然的に真である、と定められるべきである。(同上)

このようにして『省察』において第一の真理である「私はある、私は存在する」という命題が定立されることになる。

以上のようにしてデカルトはあえて「方法的」に懐疑を行うことによって、いかなる懐疑にも揺らぐことのない上記のような真理を見つけ出そうとした。その意味でデカルト自身は決して、知識の可能性を最終的には否定しようとする懐疑主義者ではない。ただ上述のような真理がはたしてデカルトが望むような確固不動たるものであるかはいろいろと問題があるだろう。しかしながらデカルトは、知識の正当化という問題に対しては一つの明確な立場を打ち出したことになる。つまりこれがのちに「基礎付け主義」と呼ばれることになる立場である。この点については改めて本書第Ⅱ部で他の立場との比較を通じて論じよう。

またデカルトのこのような極端な懐疑主義的議論は、各種のいわゆる「デカルト的問題」を引き起こすことになった。本節で見てきたような懐疑論はまず外的世界（心の外の世界）の存在について疑うものである。つまり物体的世界がそもそも存在しているのか、夢の議論や欺く神の議論を通して、そのことを疑っているわけである。無論デカルト自身は最終的に外的世界の存在をある仕方で証明していくのだが、似たような懐疑主義的議論を通じて外的世界・物体の存在を否定し、唯心論的な立場に立つ哲学者も現れることになった。その代表者として、バークリ（George Berkeley 一六八五―一七五三年）の名を挙げることができる。バークリの唯心論的な立場も、デカルトとは異なる仕方ではあるが、最終的にはさまざまな懐疑論への抵抗の現れとみなせよう。このような外的世界の存在についての問題に加えて、さらに同系列の問題として、「他者の心を私たちはどのように知るのか」、「過去のことや記憶に関わることはどのような仕方で信頼できるのか」、「私たちは未来のことについてどの程度正しく知ることができるのか（とりわけ自然科学における帰納法の問題）」といったものも現代に至るまで哲学的に論じられることになっていく。その意味でも本書で取り上げている哲学的懐疑論（あるいは知識の正当化の問題）は歴史を経るにつれ、そのつど何らかの回答を与えられながらも、新たな問題を生み多様な議論を生じさせ、思索の幅を広げていく枠組みを提供し続けている、と言えるだろう。

さて上記のように形而上学における第一の真理を見出したと言っても、さまざまな物事が疑われ不確実になっている状況から完全に抜け出したわけではない。デカルトはこのような懐疑的状況を脱するために、上記のような「考える私」の存在を定立した後、「欺かない神」が存在することを証明する。つまり「欺かない神」の存在を証明できない限り、例えば目の前にコップがあること、自分が目覚めていること、といった事柄が真実のものとはなりえないからである。この「神の存在証明」に関しては、議論が複雑ではあるが、ここでは簡潔に議論の流れを確認しておく。デカルトは第三省察冒頭で、まず探求をさらに進めていくための指針として次のように述べている。

> 非常に明晰にかつ判明に私が把握するものはすべて真である、ということを、一般的な規則として定めることができる、と私には思われる。(AT, VII, 35)

デカルトはまず上記のような規則（いわゆる「明証性の一般的規則」）を認め、自分の精神（心）の内に、私が明晰にかつ判明に把握できるものがないかどうかを探していく。方法的懐疑によって、私の外に実在すると考えられていたものに関しては、その実在が懐疑に付された。それでもデカルトは、私の精神（心）が存在することを、私が考えている限りは確信している。そして精神（心）の内にさまざまな感覚像や概念（デカルトはこれを「観念（idea：イデア）」と呼ぶ）が在ることをデカルトは否定しない。ここでの「観念」とはデカルトの場合、簡潔に言えば私たち人間の心・精神・意識の内において現れる様々なもの・ことを意味している。つまり広い意味では、私たちの心が認識し捉えるもの・内容が「観念」と呼ばれることになる。

続いてデカルトはそれら観念には三種類のもの（「本有的な観念（idea innata）」、「外来的な観念（idea adventitia）」、「私自身によって作られた観念（idea a me ipso facta）」）がありうることを指摘している。そして彼は「本有的な観念」と「私自身によって作られた観念」については、その起源を「私」に求めることが容易であり、考察せねばならぬものとして残るのは「外来的な観念」のみであると述べる。ただ何度も繰り返すように、私たちの「外」に存在するものに対しては、その実在は疑われたままの状態である。ただしデカルトは、「しかしながら今なお、その観念が私の内にあるものの中のあるものが、私の外に存在しているかどうか、を探求するためのある他の道が私に立ち現れてくる」（AT, VII, 40）と述べている。

そしてその探求の道で重要になってくるのが、観念の「表現的実在性（realitas objectiva）」と「因果性の原理」というものである。まず「表現的実在性[4]」であるが、デカルトによれば諸々の観念はそれがそれぞれ「思惟の様態」である、つまり「思惟・考えること・考えられたもの」のある在り方であるという点においては、なんら差がないとする。例えば「三角形」という観念も、「うさぎ」という観念も、それらが心・意識の内に捉えられて存在しているという点では何ら変わりないということである。つまり観念それ自体の実在性（現実的あるいは形相的実在性（realitas actualis sive formalis））は、それが「思惟の様態」であることに存している。しかし「ある観念があるものを、他の観念が他のものを表現している（repraesentare）限りにおいては、それらが互いに大きく異なるものであることは明白である」（同上）とされる。先ほどの例だと、「三角形」という観念が表わしている内容と、「うさぎ」という観念が表わしている内容は、まったく異なるものだろう。そしてその「表現している」という点において各観念間に差をもたらすものが、観念が含んでいる「表現的実在性」である。それはある観念があるものを表現している限りでの、そのものの内実であると言える。よってそれは基本的に、表現されている「当のもの」が観念から離れて現実に有している実在性（形相的実在性）とは別個の実在性であるとされる。つまりこの段階ではこれら二つの実在性の間の関係はまだ明確ではないが、デカルトはそれらを明確に別個のものとして認めている。

他方、「因果性の原理[5]」であるが、デカルトは簡潔に、「今や実に自然の光[6]によって明白なことであるが、作出的でかつ全体的な原因の内には、その原因の結果の内にあるのと少なくとも同じだけの実在性がなければならない」（同上）と述べている。この原理はまさに第三省察冒頭で提示される「明証性の一般的規則」に拠っているが、この原理は形相的実在性を有する結果について妥当するだけでなく、そこにおいて「表現的実在性」が考察される観念についても妥当すると、デカルトは主張する。さらにそのことのみならずデカルトは「このある観念が他のある表現的実在性を含むよりは、むしろこのあるいはあの表現的実在性を含むというまさにこのことを、観念は、その観念そのものが表現的に含んでいるのと少なくとも同じだけの実在性を形相的に含んでいるある原因から、得なければならない（AT, VII, 41）」とも記している。

すなわちここにおいて、観念が含む「表現的実在性」と観念において表現されている「当のもの」の形相的実在性との間に明確なつながりができあがることになるのである。このような二つの原理・原則を認めた後、デカルトはどのように神の存在を証明していくのか。彼は先ほどの引用箇所に続いて、観念が含む「表現的実在性」と観念において表現されている「当のもの」の「形相的実在性」が結びつく理由として、たとえば観念の原因に無かった何ものかがその観念に見出されるとすればそれは「無」に起因することになるが、そのようなことはありえないと言う。「ものが観念を通して知性の内に表現的に存在するそのあり方（iste essendi modus, quo res est objective in intellectu per ideam）は、どれほど不完全であろうとも、しかし決して無であるというわけではない」（同上）からである。

ここで注意しておきたいのは、「ものが観念を通して知性の内に」という表現である。ここでは明らかに「観念」という語句は、「もの（対象）」と「知性（思惟）」を何らかの形で媒介するものとして機能している。さらにデカルトは、「表現的なあり方（modus essendi objectivus）が観念にはその本性上適合しているが、しかし同様に形相的なあり方（modus essendi formalis）は観念の原因に、少なくとも最も始原的な原因に、その本性上適合している」（AT, VII, 41-42）ということを認める。ここで観念の原因・結果関係をさかのぼる過程において、単に観念間だけ（ある観念が別の観念の原因となっている場合もありうる）でなく、観念を超えた「私の外」に実在するものへと辿り着く可能性が見出されることになる。

というのも、このように観念の原因・結果をさかのぼることにおいて「無限に進むこと（progressus in infinitum）」はありえず、最終的には観念の第一の原因に辿り着かざるをえないからである。そしてその第一の原因とは、「観念において単に表現的にあるところのすべての実在性が形相的に含まれる原型（archetypum）」（AT, VII, 42）のようなものであるとデカルトは言う。さらにデカルトは、「私が有する観念の内のあるものの表現的実在性があまりにも大きくて、それと同じ実在性が私の内に形相的にも優勝的にも存在しない、つまり私自身がその観念の原因ではありえない」（同上）という「もの」があれば、それこそ「私の外」に実在する「ある他のもの」であると結論付ける。デカルトはこの帰結に従い、さまざまな観念を精査していくことになるが、彼の考察に拠れば、それらのほとんどについては、「私」自身に由来すると思われないものは何も無いとされる。残るのはただ「神」の観念のみである（AT, VII, 45）。そしてその「神」なるものは、どうしても「私」独りのみに由来することができない（つまり「私」が原因となりえない）ほど偉大なものであると結論付け、これこそ「私」以外に存在するものとなる。

以上が第三省察における神の存在証明である（これは一番目のものであり、もう一つの証明が第三省察後半にある）。しかし上記のような議論にはいろいろな問題点がある。一番有名な問題点としていわゆる「デカルトの循環」というものがあろう。先に第三省察冒頭において提示されるいわゆる「明証性の一般的規則」を確認したが、この第三省察冒頭において「明証性の一般的規則」は確立されたようにも思えるが、例えば第五省察の末尾に次のような記述が見受けられる。

> 私は、神があることを真に把握した後に（postquam vero percepi Deum esse）、それと一緒にまた、その他のすべてのものが神に依存しているということ（caetera omnia ab Deo pendere）、そして神が欺く者でないことをも理解した。こうしてそこから私は、明晰かつ判明に私が把握するすべてのものが必然的に真であることを結論した。（AT, VII, 70）

このような記述はいわゆる「デカルトの循環」という問題を引き起こすことになる。つまり先に参照した神の存在証明の過程においては、「明証性の一般的規則」によって明らかとされる概念や原理が用いられているが、上記の第五省察末尾の記述のように、そもそも「明証性の一般的規則」が神の存在証明がなされた後に確立されるとするならば、ここには一種の循環論法があるのではないか、という問題である。この問題はすでに『省察』本文に付された「反論」のいくつかにおいて指摘され、デカルトも「答弁」においてこれに答えている。ただデカルトの「答弁」ではこの問題が明確に解決されたとは捉えがたく、のちの解釈者たちによってさまざまに論じられている。(7) 本書では紙幅の関係上、この問題についてはこれ以上言及せず、次章でデカルトの「方法的懐疑」のプロセスそのものについて、現代哲学における懐疑論に関わる議論を援用しながら、批判的に論じていく。

註

（1）このあたりの事情に関しては、リチャード・H・ポプキン『懐疑：近世哲学の源流』（野田又夫・岩坪紹夫訳、紀伊國屋書店、一九八一年）を参照されたい。本節でモンテーニュの『エセー』におけるピュロン主義を論じるにあたっては、この書物（特に第三章）を参考にした。また、モンテーニュの史実的な事柄に関しては、小林道夫他編『フランス哲学・思想事典』（弘文堂、一九九九年）を参照した。

（2）以下、モンテーニュの『エセー』からの引用はすべて次の書物による。『モンテーニュ随想録《新装復刊》[全訳縮刷版]』（関根秀雄訳、白水社、一九九五年）。引用箇所の頁数はこの本のものであり、『随想録』と略記する。括弧内の原語であるフランス語に関しては、次の文献で確認した。*Essais de Michel de Montaigne* (présentation, établissement du texte, apparat critique et notes par André Tournon, Imprimerie nationale, 1998), Livre II.

（3）以下、デカルトの著作からの引用はすべてアダン・タヌリ版『デカルト全集』（*Œuvres de Descartes* (publiées par Charles Adam et Paul Tannery, Paris, Librairie Philosophique J.Vrin, 11vols., 1996)）による。ローマ数字は巻号を、アラビア

数字は頁数を表す。また引用部分の翻訳はすべて拙訳であるが、各種日本語訳（『デカルト著作集』（全四巻、白水社）、『デカルト　省察・情念論』（中公クラシックス）など）も参照した。

（4）「表現的実在性」に関しては、『省察』第二答弁に付された「諸根拠」においてその定義が記されている。観念の表現的実在性（realitas objectiva ideae）ということでもって私は、観念によって表現された（repraesentatus per ideam）ところのものの存在性を、それが観念の内にあるという限りにおいて（quatenus est in idea）、知解する。そして同じような仕方で、表現的な完全性、あるいは表現的な技巧性、などということが言われうる。というのも、私たちがまるで観念の対象の内に（in idearum objectis）あるかのように把握するものは何であろうと、観念そのものの内に表現的に（in ipsis ideis objective）あるからである。（AT, VII, 161）

（5）この「因果性の原理」については、『省察』第二答弁に付された「諸根拠」中の「公理すなわち共通概念」に、次のような記述がある。

Ⅰ．そのものが何ゆえに存在しているか、というその理由を、それについて問うことができないようないかなるものも存在しない。（AT, VII, 164）

Ⅲ．いかなるものも、また現実に存在しているそのものの完全性も、それが現実存在している原因として、無（nihil）を、言い換えるならば現実存在しないもの（res non existens）を有することはできない。（AT, VII, 165）

Ⅳ．何らかのものの内にある実在性の、あるいは完全性のどんなものも、そのものの第一にして十全な原因のうちに、形相的にか、あるいは優勝的にか（formaliter vel eminenter）ある。（同上）

（6）ここで言及されている「自然の光（lumen naturale）」とは、中世スコラ哲学においては「理性の光（lumen rationis）」あるいは「自然理性の光（lumen naturalis rationis）」とも呼ばれるものであり、周知の通り、人間が本来的に有する理性そのものあるいはそのはたらきを意味している。この用語は中世スコラ哲学ではしばしば、「恩寵の光（lumen gratiae）」というものと対立するものとして用いられていたようである。デカルト哲学においてはしばしば、知性にとって自ずと明らかなものであると想定されるような前提を議論に導入したいとデカルトが望む時には、この「自然の光によって」という用語が使用されている。デカルト哲学におけるこの「自然の光」の詳細については、次の文献を参照されたい。John Morris, 'Descartes's Natural Light', *Journal of the History of Philosophy*, vol. 11 (1973), pp. 169–187[reprinted in G. Moyal (ed.), *Descartes: Critical Assessments* (4vols., New York & London: Routledge, 1991), vol.1, pp. 413–432]. William H. Trapnell, *The treatment of Christian doctrine by philosophers of the natural light from Descartes to Berkeley* (Oxford: Voltaire Foundation at the Taylor Institution, 1988).

（7）この「デカルトの循環」という問題に関しては、拙著『デカルトの方法』（京都大学学術出版会、二〇一一年）第II部第一章で詳細に論じたので、そちらを参照されたい。

第3章……………方法的懐疑への批判的検討

はじめに

前章で論じたように、デカルトは「方法的懐疑」という手法を用いて、どんな懐疑論者でも認めざるを得ない真理があるということを明らかにしようとした。その意味でデカルト自身は断じて懐疑論者ではない。しかしながらデカルトの手法そのものが適切であったかどうかはいろいろと問題が残る。デカルトのこのような懐疑論者への対処の仕方は、一般的に言うと「基礎付け主義（foundationalism）」と呼ばれる立場の一形態である。デカルトが採用した基礎付け主義は、もっと一般化して言うと次のようなことを主張する立場となるだろう。つまりある知識はそれよりもっと基礎的な知識によって正当化され、この正当化のプロセスは無限に続くわけではなく、あらゆる知識の最終的な源となっているような、認識論的に特権的な地位を有する基礎的な知識がいくつかあり、それらによってすべての知識は基礎付けられている。

このような知識の正当化に関するいわゆる遡行問題は、古くは第I部第1章第3節で論じたアグリッパに由来する「アグリッパのトリレンマ」と呼ばれるものがあり、これは「無限後退」、「循環」、「仮説」の三者択一を強いられ、どれも正当化には失敗することになるとされていた。基礎付け主義はこのトリレンマを断ち切るものとして、不可謬性（infallibility）を有する基礎的知識を見出そうとしてきたが、それらの試みがうまくいくかどうかは議論の余地がある。本章ではそういった点も踏まえつつ、デカルト的な懐疑的議論に対して批判的な検討を加えていく。

ここではまず第1節で、ウィトゲンシュタインの絶筆である『確実性の問題』を取り上げ、ウィトゲンシュタインのいわゆる後期思想からデカルトの方法的懐疑を批判的に吟味するヒントを得たい。結論を先取りすれば、ウィトゲンシュタインは私たちが有しているさまざまな種類の知識は互いに支えられた一つの有機的な全体・体系として受け入れられていると指摘している。さらに彼は、「何かを疑う」ことができるためには、その背後にさまざまな多くの知識を前提としていて、知識の全体を疑うことは論理的に不可能であることを強調している。

そして第2節でセラーズの「経験主義と心の哲学」という論文に現れる、知識に関する彼の「理由や正当化の論理空間」というアイデアについて概観する。もともとこの論文はいわゆる「感覚与件」批判として記されたものであるが、そこに見受けられる「知る」ということの構造についての考察は注目に値するし、それに基づいて第3節ではデカルトの方法的懐疑のプロセスを再考する。

むろんウィトゲンシュタインとセラーズの思想はさまざまに異なってはいるが、以下で詳しく論じていくように、両者の思想はデカルトの「方法的懐疑」という議論のプロセスが、実際上どのような形で組み立てられているか、そしてそのような構造を持つ議論が論証としてどれだけ妥当性を有しているのかを吟味する上で有効である。つまりどちらの立場からも、デカルトの「方法的懐疑」という論証が見かけよりも複雑な構造を有していて、そして知識の正当化という点では何らかの不備がある、ということが明らかになろう。

1　懐疑主義に抗して――ウィトゲンシュタインの思索をヒントに

ここではデカルト的な懐疑論の不自然さを明らかにするために、現代哲学の主要な論客の一人である、ウィトゲンシュタイン（Ludwig Wittgenstein　一八八九―一九五一年）の思想を取り上げよう。ウィトゲンシュタインの思想は多岐にわたり、その思想の内容は彼の思索が深まるにつれてさまざまな形で変容していったとされる。本節では彼の絶筆である『確実性の問題（*Über Gewissheit*）』という著作を取り上げる。著作といっても草稿の段階に過ぎず、彼自身の推敲を経ぬまま、彼の死後関係者の手によって出版されたものである。この著作はG・E・ムーア(George Edward Moore 一八七三―一九五八年)の「常識の擁護(A Defense of Common Sense)」(一九二五年)および「外界世界の証明(Proof of an External World)」(一九三九年)という論文に刺激を受けて書き溜めていたものである。以下の考察はこの『確実性の問題』というテキストについての解説・解釈ではない。この草稿はアフォリズム(簡潔鋭利な評言・警句)形式で記されており、その断片をいくつか取り上げて、デカルトの方法的懐疑を批判的に吟味する際のヒントとして活用したい(1)。

具体的な議論に入る前に、ウィトゲンシュタインの後期思想の核の一つとなっている「言語ゲーム(Sprachspiel)」という概念を確認しておく。この概念が明確に現れている代表的な著作は『哲学探究(*Philosophische Untersuchungen*)』(一九五三年)である。この概念は言語活動をゲーム(Spiel)になぞらえた類比(アナロジー)である。それが意味しているのは、(1)言語活動はさまざまなゲームがそうであるように、ある一定の規則に従った行為であるということ、そして(2)言語活動は単にそれ自体で自律しているものではなく、私たち人間の多様な生活様式の文脈にしっかりと埋め込まれた活動であるということ、である。「言語ゲーム」と「生活様式」については、ウィトゲンシュタインは次のように述べている。

「言語ゲーム」という言葉は、ここでは、言語を話すということが、一つの活動ないし生活様式の一部であるということを、はっきりさせるのでなければならない（Das Wort "Sprach*spiel*" soll hier hervorheben, daß das *Sprechen* der Sprache ein Teil ist einer Tätigkeit, oder einer Lebensform）(2)。

したがって言語活動の、すなわち言語ゲームの多様性は、人間の多様な生活様式に依存しており、そのことを無視して言語を一般化・抽象化して捉えると、さまざまな哲学的誤謬が生じてしまう、とウィトゲンシュタインは述べている。

さて以下では前章第2節と第3節で詳細に考察してきたデカルトの方法的懐疑について、それに関する疑問点をいくつか指摘し、ウィトゲンシュタインの言述と比較しつつ吟味していきたい(3)。まずはデカルトの「哲学［学問］の樹」の比喩に見られる学問観について考察していこう。『哲学の諸原理』仏語版序文で見られる彼の学問観は線形的な全体像であり、各学問観の依存関係は固定されたものである。はたして学問あるいは知識とはそういうものなのか。ある知識はそれよりももっと基本的・基礎的な知識に支えられ積み上げられていく、という図式はある意味理解しやすいものである。しかしどちらがより基本的・基礎的かという点ではその境界線ははっきりしたものではない。異なる学問どうしがその基本的なアイデアに関して影響を与え合ってお互い発展し支えあうという事例もあろう。こういった点に関してウィトゲンシュタインは例えば次のようなことを書き記している。

こう考えてもいいだろう。経験命題の形を具えたいくつかの命題が凝固して、固まらずに流れる経験命題のための導管となるのである。この関係は時に応じて変化するのであって、流動的な命題が凝固したり、固まっていた命題が逆に流れ出したりする（sich dies Verhältnis mit der Zeit änderte, indem flüssige Sätze erstarrten und feste flüssig würden）。（『確実性』第九六節［三一一—三一二頁］）

神話の体系が流動的な状態に戻り、思想の河床が移動するということもありうる。だが私は河床を流れる水の動きと、河床そのものの移動とを区別する。両者の間に明確な境界線を引くことはできないのであるが（obwohl es eine scharfe Trennung der beiden nicht gibt）。（『確実性』第九七節［三一二頁］）

一つの仮説をめぐるすべてのテスト、あらゆる確証と反証は、ある体系の中で初めて成立することである。そしてこの体系は、たぶんに恣意的で疑わしいものだがとにかくそれを起点として一切の論証が進行する、といったものではない。それは私たちが論証と呼ぶものの核心に属しているのだ。体系とは論証の出発点であるよりも、論証の生きる場である（Das System ist nicht so sehr der Ausgangspunkt, als das Lebenselement der Argumente）。（『確実性』第一〇五節［三三三—三三四頁］）

ここではまず私たちの有しているさまざまな種類の知識が一つの全体・体系として受け入れられている。また何らかの特殊な知識が不動の出発点として受け入れられているわけではない。そして諸々の知識の中で、一方ではさらなる知識を捜し求めるための足掛かりとなるような、つまり引用文の表現では「導管」「思想の河床」となるような、一旦は固定的なものとして機能することになる一連の知識がある。他方ではそのような「導管」「思想の河床」となる固定的な知識群を土台として、さまざまな形で流動し、展開していく知識がある。ただし注目すべきは、固定されている知識は必ずしも固定されたままであるのではなく、かつ流動している知識は必ずしも流動し続けるわけではない。つまり上記の引用箇所にあるように、さまざまな状況・文脈において、固定されている知識と流動する知識は転移しうるのであって、「両者の間に明確な境界線を引くことはできない」のである。そしてそのような固定されている知識と流動する知識の集合体は体系を成しているわけだが、そのような体系の中でこそ論証（あらゆる確証と反証）が成立することが強調されている。しかも固定されている知識と流動する知識は転移しうるわけだから、体系自身も固定的なものではなく、変異しうるものとなるだろう。

また「導管」や「思想の河床」となりうる知識については、ウィトゲンシュタインは次のようにも記している。

ある種の命題に関しては、その表明に対して疑いを挿む余地がまったくない。私たちの探求の全体（*unser ganzes Forschen*）がそういう仕組になっている、と言えないだろうか。それらの命題は、探求が進められる道筋からはずれたところにあるのだ。（『確実性』第八八節［二九頁］）

つまり体系を成している知識群の中で、そのどれもが何らかの形で疑いを挿む余地があるとすると（これはまさしく前章第2節と第3節で確認したデカルトの「方法的懐疑」であるが）、論証や探求そのものが成り立たなくなるのではないか、という指摘である。引用文にあるように、「探求が進められる道筋からはずれたところにある」、「導管」や「思想の河床」となるような知識群があるからこそ、新たな探求や論証が進められることになろう。

また、私たちが受け入れている諸々の知識の全体性・体系性については、ウィトゲンシュタインは次のように記している。

明証的なものとして受け入れられるのは一つ一つの公理ではなくて、体系である。すなわち、帰結と前提とが互いに支えあうような一つの体系である（sondern ein System, worin sich Folgen ung Prämissen *gegenseitig* stützen）。（『確実性』第一四二節［四二頁］）

私がかたく信じているのは一つの命題ではなく、命題の巣なのである（Das, woran ich festhalte, ist nicht *ein* Satz, sondern ein Nest von Sätzen）。（『確実性』第二二五節［六〇頁］）

私たちの知識は一つの大きな体系を成している（Unser Wissen bildet ein großes System）。私たちが個々の知識に認める価値は、この体系の中でのみ成立するのである。（『確実性』第四一〇節［一〇一頁］）

これらの引用文から明らかなように、ウィトゲンシュタインは個々の命題や個々の公理がそれ自身で正当化されるとは考えていない。つまり私たちが正しいものとして受け入れているのは、個々の知識や個々の公理が有機的に、論理的に結びついたその全体であり、ウィトゲンシュタインの言葉を借りれば「命題の巣」ということになろう。この点は本書第Ⅱ部第2章で論じる知識の整合説と重なるところであり、そこにおいて詳細に論じることにする。

次に「疑う」という行為そのものについて批判的に考察してみよう。デカルトは第一省察で「少しでも疑いうるものには同意を差し控える」とか「疑うことの何らかの理由を見出せばそれで充分」と述べているが、そもそも、「疑う」という行為を支えているものは何だろうか。前章第2節や第3節で「方法的懐疑」について概観する時にも多少論じたが、そもそも「疑う」という行為はいかなる仕方で可能となるだろうか。ウィトゲンシュタインは「疑うこと」の条件として、次のようなことを記している。

どんな事実も確実と見なさないものにとっては、自分の用いる言葉の意味もまた確実ではありえない（Wer keiner Tatsache gewiß ist, der kann auch des Sinnes seiner Worte nicht gewiß sein）。（『確実性』第一一四節［三六頁］）

すべてを疑おうとする者は、疑うところまで行き着くこともできないだろう。疑いのゲームはすでに確実性を前提している（Das Spiel des Zweifelns selbst setzt schon die Gewißheit voraus)。（『確実性』第一一五節［三六頁］）

私はこう言いたい。私たちは多くの判断を、一つの判断を下すための原理（複数）として用いるのだ（Wir verwenden Urteile als Prinzip(ien) des Urteilens)。（『確実性』第一二四節［三八頁］）

つまりこれらの引用文でウィトゲンシュタインが強調しているのは、何らかの知識を「疑う」ということができるためには、その背後にさまざまな多くの知識を前提としているということである。この場合懐疑を成り立たせるための背景的知識は、必ずしも明示的なものであるわけではないだろう。あまりにも身近すぎて意識していないというものもあれば、何らかの仕方で意図的に隠されているという場合もある。そういったものは先に確認したように、私たちが受け入れている知識の全体・体系において、「導管」・「思想の河床」となっている部分であろう。このような点を考慮に入れれば、デカルトの方法的懐疑の場合、ある知識を疑うために用いる知識さえも同時に偽として退けてしまうが、それではそもそもの「懐疑」が成立しない、ということになってしまう。というのも懐疑を一般化して推し進めてしまうことによって、懐疑を支えている当の背景的知識さえも根拠のないものにしてしまうからである。

また直接デカルトの方法的懐疑のような「懐疑」の難点を指摘していると考えられる記述もある。

例えばウィトゲンシュタインは次のように記している。

いかなる証拠も信頼できないのだから、今の証拠も頼りにならないというのであれば、「たぶん私たちは間違っているのだ」という発言もまったく無駄事である。（『確実性』第三〇二節［七七頁］）

「私は夢みているのかもしれない」という議論は次の理由によって無意味である。もし夢みているとすれば、この言葉もまた夢中のことであり、これらの言葉に意味があるという、そのことも同様である（weil dann eben auch diese Äußerung geträumt ist, ja auch *das*, daß diese Worte eine Bedeutung haben）。（『確実性』第三八三節［九五頁］）

つまり繰り返しになるが、デカルトの「方法的懐疑」ように知識のほぼ全体を疑うのであれば、個々の知識を疑わしいと判断する時に依拠しているものそのものも疑いにかけられてしまうことになる。そうなれば疑う根拠そのものに根拠がないことになりかねず、ひいては「疑うこと」そのものが成り立たないという事態に陥ってしまう。二つ目の引用文もデカルトの「方法的懐疑」のプロセスにおいて重要な役割を果たす「夢」を用いた懐疑を念頭に置いているのだろうが、確かに「夢」というものが覚醒状態と明確に対比される状態だとすれば、ウィトゲンシュタインが上記で指摘していることも筋の通るロジックである（ただしデカルトは「方法的懐疑」のプロセスにおいては、「覚醒と睡眠とを区別しうる確実なしるしはまったくない」と断定し、議論を進めているのだが）。

そしてウィトゲンシュタインは「疑う」ことの最低限のルールとしては、次のように記している。

［中略］全体を疑うことはしないというのが、そもそも私たちが判断する仕方であり、したがってまた行為する仕方であるのだ（Daß wir sie nicht alle bezweifeln, ist eben die Art und Weise, wie wir urteilen, also handeln）。（『確実性』第二三二節［六一頁］）

結局私たちはさまざまな事柄・知識を疑う際には、まずもってその疑いのゲームを成り立たせている枠組みを受け入れていなければならない。つまりはまず信じるべき、受け入れるべきは諸々の命題からなる全体系である。この点についてウィトゲンシュタインは次のように記している。

私たちが何事かを信じるようになる時、信じるのは個々の命題ではなくて、命題の全体系である（Wenn wir anfangen, etwas zu *glauben*, so nicht einen einzelnen Satz, sondern ein ganzes System von Sätzen）。（理解の光は次第に全体に広がる。）（『確実性』第一四一節［四二頁］）

2　セラーズの「経験主義と心の哲学」を手掛かりに

デカルトの方法的懐疑について、次にセラーズ（Wilfrid Sellars 一九一二―八九年）の思想を援用しながら批判的な検討を行いたい。まずはセラーズの「経験主義と心の哲学」という論文に現れる、知識に関する彼の「理由や正当化の論理空間」というアイデアについて概観し、それに基づいてデカルトの方法的懐疑のプロセスを考察してみたい。セラーズの「経験主義と心の哲学」[4]は、「与件・所与（the given）」という考えに対する論駁を意図している。彼はこの論文で、理論を介さないという意味で直接的に認識者に与えられ、しかもその真理性が明白であるような知識の存在を認める考え一般を、「与件の神話（myth of the given）」と名付けた。与件・所与として「与えられている」ものはさまざまであるが、セラーズがこの論文で特に批判の対象とするのは「感覚与件論（sense-datum theory）」である（EPM p. 128）。この理論は一般的には、感覚することにおいて与えられたもの（感覚与件[5]）を非推論的・直接的知識とし、これらを土台として他のさまざまな推論的・非直接的知識を築き上げていこうとするものである。セラーズは、このような感覚与件がはたして経験的な知識の土台となりうるのかという問いを立て、さまざまな論拠を挙げてこの問いに否定的な回答を与える。（さらにこの論文の後半部分では、感覚与件論が含意しうる、私的言語や内的エピソードなどの特権性といった、心の哲学に関わる諸問題を論じている。本節では、この論文の前半部分で展開される、知識に関する「理由や正当化の論理空間」というセラーズの見解を簡潔に参照することを旨とし、この論文の後半部分については論じない。)

感覚与件論者は「所与性（givenness）」を「連合を学ぶことや形成することを前提せず、刺激—反応連関を設定することも前提しないこと、と見なす」（EPM p. 131）。また彼らは、感覚与件は概念形成の過程を経ることなしに、理論を介することなしに私たちに与えられる非推論的・直接的知識である、と主張する。セラーズはこのような感覚与件論者の主張に対して次のように論駁を重ねていく。まずセラーズは、例えばある時間にある人にとって「何かが緑色に見えている、という経験」は、それが経験である限りにおいて、「何かが緑色である、と見る経験」と明らかに非常によく似ているという事実はあるが、しかし後者は単なる経験ではない、と述べる。というのも、ある特定の経験は何かがそのようなものであると見ることである、と言うこと（to say that）は、その経験を記述する以上のことを成すことだからである。言い換えれば、そのことは経験を断定や主張を成すものとして特徴付けることであり、またその主張を是認する（*endorse*）ことである（EPM p. 144）。

このことから次のような差異が明確になる。つまり、「Xはジョーンズには緑色に見える」という陳述は、「Xは緑色であるとジョーンズは見る」という陳述と以下の点で異なる。後者は命題的主張をジョーンズの経験に帰するとともにそれを是認しているのに対して、前者はその主張をジョーンズに帰するが是認していない、という点で異なる（EPM p. 145）。もちろん知識の資格を有するのは後者の陳述である。そしてセラーズは次のように強調する。

緑色に見えるという概念、つまり何かが緑色に見えると認める能力は、緑色であるという概念を前提としており、また後者の概念は、対象がどのような色を有しているかを、それらを見ることによって述べる能力を伴っている。つまり、見ることによって対象の有する色を突き止めようとするならば、その対象が置かれている状況がいかなるものであるかを知ることを伴っている。(EPM p. 146)

すなわち、「緑色に見える」ということが知識として通用するためには、この陳述を知識として成り立たせるための背景的情報が必須であるということである。

しかしながら、以上のようなセラーズの主張は次のような不安を引き起こすことにもなる。もしXが緑色に見えると認める能力が、緑色であるという概念を前提とし、また今度はこの概念が、対象の色を突き止めるためにその対象を眺める状況がいかなるものであるかを知ることを伴うとする。そうであれば、ある特定の対象がある特定の知覚的特性を有していることに気付くことなしに、その状況が何であるかを決定することはほとんどできない。したがって、例えば緑色であるという概念を形成することは、すでにその概念を有していない限り、できないということになってしまいそうである(EPM p. 147)。しかしセラーズによれば、この事態が含意しているのは、例えば緑色という概念が一つの要素であるところの一群の諸概念を有することによってのみ、当の緑色という概念を有することができる、ということである。つまり、例えば緑色という概念を獲得する過程は、さまざまな状況におけるさまざまな対象への反応という習慣を、断片的に少しずつ獲得することの長い歴史を伴う。そしてそこには一つの重要な意味があることになる。換言すれば、その意味においては、時間と空間における物理的対象の観察可能な諸特性に関わる概念は、そういった諸特性のすべて（さらにそれ以外のより多くのもの）を有しない限り、有されることはない、ということである（EPM p. 148）。

セラーズは以上のように考察を進め、あらためて次のような問いを立てる。経験的知識は基礎を有するのか。有するとすればそれはどのような基礎であろうか。有しないとすれば経験的知識はいかにして知識となるか。セラーズは最初に与件の神話の基本的な考えを再確認する。それによれば、次のような性質を有する個別的な事実からなる層が存在していることになる。その性質とはすなわち、（a）当の事実の各々はただ非推論的に知られることができるだけでなく、それらは他の個別的事実あるいは一般的真理に関する知識を何も前提せず、また（b）この層に属している諸々の事実についての非推論的知識は、世界についてのあらゆる事実的主張（個別的あるいは一般的な）のための最高法廷（ultimate court）を構成する、というものである。すなわち最も高いレベルの知識は非推論的なものであるということであり、ここでいう最高とは権威（authority）を有するということである（EPM p. 164）。さらに、言明の権威（もしくは信頼性）はその最高位の知識が他の言明によって支えられていないということに存している。

しかしこの権威はどのように理解されるべきか。大別して二つの種類の信頼性（もしくは権威）があるとされる。(a) 一方は、その文が属するタイプ[6]の信頼性から、個々の文の信頼性が保証される場合である。つまりトークンの信頼性がタイプの信頼性から受け継がれる場合であり、あるタイプに属するある文トークンは、他の文との論理的関係を介して、さらにはその文がより基本的な文からの論理的帰結であるという事実を介して、その信頼性を得るということである。この典型例が「2＋2＝4」といった数学的命題、すなわち分析的命題である。つまりこの足し算の正しさの信頼性は、足し算という演算の一般的ルール・タイプ・形式にきちんと従っているという信頼性に由来している。(b) 他方は信頼性が、ある一定の仕方である一定の状況の集合においてトークンが現れるという事実から、生じる場合である。例えば「これは赤い」という言明がそうである。つまりこれは正常な色覚を持つ人が、テーブルの上に載っている赤いリンゴを指さしてこの言明を発話する際に信頼性を獲得することになる。この場合、トークンの信頼性はタイプの信頼性から派生するのではなく、最終的な権威はトークン（個別的事例）にある (EPM p. 165)。

以上が与件の神話に与する人々が主張する基本的な考えである。セラーズはここでさらに、「観察的知識を表現する」ような文トークンの権威はどのように理解されるべきか、と問う。もちろんこの場合セラーズが求めているのは、所与の神話に与する人々が提示する、他の個別的知識あるいは一般的真理に関する知識を何も前提しないという意味での、非推論的・直接的権威ではない。セラーズは、まず、知識の表現であるためには、報告は権威を有するだけではなく、その権威がある意味において、その報告を成した当人によって認識されていなければならない、と指摘する（EPM p. 168）。例えば、「これは緑色である」を観察的知識と確言するためには、まずこのトークンが標準的な状況における緑色のものの現前の兆候あるいは記号（*symptom* or *sign*）でなければならない。つまりこの発言は実際にその場に緑色をしたものが存在するということを表わすものでなければならない。

加えて知覚者は、「これは緑色である」というトークンが、視覚的知覚にとって標準的な状況における緑色のものの現前の兆候であるということを、知っていなければならない。この発話の適切性を判定するためには、このトークンに関わるさまざまな知識が知覚者にあらかじめ数多く前提されていなければならない。このことをセラーズは、次のように言い換えている。

> 単純な論理の問題として、人が他の多くの事柄をさらに知っていない限り、いかなる事実についての観察的知識も有することはできない。（同上）

つまり、ある特定の事実についての観察的知識、例えば「これは緑色である」は、「XはYということの信頼できる兆候である」という形式の一般的事実を知っていることを前提としているのである（同上）。さらにセラーズは次のように強調している。

あるエピソードや陳述を、「知っている（*knowing*）」というエピソードや陳述として特徴付けることにおいて、私たちはそのエピソードや陳述の経験的記述を与えているのではない。私たちはそれを諸理由の論理空間の内に、すなわち自分の言うことを正当化したり正当化することが可能となるような論理空間の内に（in the logical space of reasons, of justifying and being able to justify what one says）置いているのである。（EPM p. 169）

つまり、個々の経験的陳述・知識は、その他の多くのさまざまな知識の総体、すなわち理論に組み入れられて初めて、また理由や正当化の論理空間の内に置かれて初めて、知識の資格を有することになるのである。したがって与件・所与も、セラーズが言うところの「理由や正当化の論理空間」の内に置かれなければ、知識の資格を持たないことになる。つまり感覚与件論者が目論むような、非推論的・直接的な知識としての「感覚与件」も、実際上はある条件の下でしか成立しないということである。このようなセラーズの「理由や正当化の論理空間」という見解は、知識の本質を捉えており、知識を論じるにあたって私たちはこの考えを避けることはできないと思われる。

3 「方法的懐疑」再考

前節で論じたようなセラーズの見解に基づいて、デカルトの方法的懐疑を批判的に考察していこう。まずは知識に関するセラーズの基本的な考えを簡潔に再確認しておく。セラーズによれば、ある言明・主張が知識として妥当するためには、単に言明の内容を成す経験を記述するだけではなく、その経験をある断定や主張を成すものとして特徴付け、またその主張を是認することを必要とする。そしてこのように主張を是認するためには、個々の経験的陳述・言明をその他の多くのさまざまな知識の総体、すなわち理論に組み入れることを必要とし、また理由や正当化の論理空間の内に置くことを必要とする。このような論理空間の内に置かれてこそ言明や主張は知識として妥当するものになる。

そこでこのようなセラーズの考えに照らしてみると、デカルトの場合はどのように評価されるだろうか。デカルトは『省察』においては最終的に、「私はある、私は存在する」という第一原理を土台として、数学的知識から感覚的知識までのさまざまな知識を互いに連関を成すものとして再構築している。そこには一見して、精妙な論理空間があるように思われる。しかしながら第一原理を見出す過程、すなわち方法的懐疑の過程が有している論理空間は、不備のない完全なものであろうか。

以下では先に感覚的知識に対する懐疑の過程を再考してみる。そして次に「私はある、私は存在する」という命題が置かれている論理空間について言及する。前章第2節で第一省察の懐疑のプロセスを確認したが、そのプロセスでは最初に外部感覚から得られる意見・知識、身体的感覚から得られる意見・知識が取り扱われていた。ここでは主に前者に関して再考する。そこではデカルトは、私たちがこれまでこの上なく真であると認めてきたものは感覚を通して受け取ったものである、と一旦は認める。しかしながらこれらの感覚は時々欺くということに気付いているのだから、これらのものを全面的には信用しないとして、外部感覚から得られる意見を捨て去ることになる。問題となるのは、「感覚は時々欺く」という主張はどのようにして正当化されるのか、という点である。

前章第2節では第六省察において挙げられている例を参照した。この例をもう一度考えてみる。そこで挙げられていた例の場合では、同じ対象が、条件が異なれば異なったものに見える、というものであった。同じ対象が異なったものに見えると言えるためには何が前提されているのだろうか。「Aがxに見える」（状態（1））と「Aがyに見える」（状態（2））を考えてみる（もちろんxとyは異なる）。まず（1）と（2）において共通となっているのは、対象Aは同一であるということである。対象Aが同一でなければ（1）と（2）は共通なものを何も持たない別々の事例となり、錯覚という現象を説明するための事例とはならない。よって状態（1）と（2）にはまず共通となる諸要素が数多く（言語表現には現れていないが）前提されている。それらの諸要素はセラーズに従えば、その言明（（1）と（2））以外の多くのさまざまな知識の総体、すなわち理論ということになろう。こういった前提とされた知識によって、状態（1）と（2）に共通するAという対象が同定され、かつ、xとyとの差異が際立つものとなる。

第六省察の例においては、同じ対象が異なったものに見える原因は距離の遠近という条件にあった。このような条件を知ることによって、状態（1）と（2）が単なる別々の事態であるのではなくて、錯覚という現象を示す事態であるということが理解される。その上でさらにその錯覚を生じさせる条件を吟味することで、一方が真で他方が偽という判断を下すことになる。以上のように、錯覚という現象を錯覚として認識しそれに真偽の判断を下すことには、数多くの知識が前提されていなければならず、したがってセラーズの言葉を借りれば、「理由や正当化の論理空間」の内において私たちは錯覚という現象を語っていることになる。ここでデカルトのように、錯覚を示す現象すなわち感覚から汲まれる意見・知識をすべて捨て去るとすればどうなるだろうか。ある感覚的現象を錯覚と判断することは、他の多くの感覚的知識・意見を前提としていた（その他の自然学的知識・意見といったものももちろん前提されている）。数多くある感覚的知識・意見の内である特定のものを錯覚であり、偽であるとして否定し捨て去っても特に問題はない。しかし、感覚的知識・意見をすべて捨て去るということは、ある特定の感覚的知識・意見を錯覚たらしめている、「理由・正当化の論理空間」そのものを捨て去ることにもなりかねない。この論理空間を捨て去ってしまえば、感覚的知識・意見を捨て去ることの論拠となった錯覚という現象を証示することができなくなってしまう。

このような難点をさらに明らかにするために、第三省察の太陽についての二つの異なる観念に関する議論を考察してみる。これら二つの太陽の観念とは、その一方については、「あたかも感覚から汲まれたものであって、それは特に私が外来的なものと見なしたものの内に列挙されるべきものであるが、それによると極めて小さな太陽が私に現れ出ることになる」(AT, VII, 39) と述べられている。そしてもう一方については、「天文学上の諸理由（根拠）によって引き出されたもの、すなわち何か私に生得的な諸概念によって取り出されたもの、あるいは何か他の方法によって私によって作り出されたものであり、それによると太陽は地球よりも何倍も大きいことが表示される」(同上) と述べられている。この引用箇所ではすでに方法的懐疑の過程を経ているので、感覚的知識も自然学的知識も否定され、捨て去られてしまっている。よってデカルトもこのすぐ後で「これら二つの観念の内のどちらもが、私の外に実際に存在している同じ一つの太陽に類似していることはありえない」(同上) と述べている。

しかしこの「ありえない」ということを正当化する根拠とは何であろうか。デカルトに従えば、方法的懐疑の過程で見たように、感覚的知識・意見も自然学的知識・意見も確実ではなく、したがってそういった知識によって構成される太陽の観念は真なるものでなく、そもそも太陽が存在するということそのものも真ではない可能性がある。ところが先述のように、感覚的知識・意見をすべて捨て去り、またそのような感覚的知識・意見を知識たらしめる理論の一部を成している、自然学的知識・意見をすべて捨て去ってしまうとどういう事態が生ずるか。それは、そのような知識・意見をすべて捨て去るとともに、それらを知識・意見として成り立たしめている論理空間そのもの（諸要素がなければ論理空間として機能しない）を捨て去ってしまう、という事態であった。感覚的知識や自然学的知識を捨て去っても、それらを構成しうる数学的知識が残っているではないか、という反論もあるだろう。確かにデカルトに従えば、知識間におけるそのような上下関係があることはある。しかしながら、同一階層に属する諸々の知識・意見間の横の関係も存在する。そして前章第2節で確認したように、方法的懐疑のプロセスにおいては、知識の上下関係へと懐疑が進行していくためには、知識の横の関係が重要な役割を果たしていた。そのことを見落としてはならない。

ではデカルトが最終的に辿り着く、「私はある、私は存在する」という第一の真理が置かれている論理空間に関してはどうであろうか。この第一の真理そのものは、まさにセラーズが言うところの「与件」の一種に相当するものである。なぜなら、この「私はある、私は存在する」という命題は、デカルトによれば非推論的で直接的な知識だからである。デカルトは『省察』第二答弁で次のように述べている。

また誰かが「私は思惟する、それ故に私はある、あるいは私は存在する」と言う時には、彼は［自らの］存在を思惟によって三段論法を通じて演繹したのではなく、あたかも自ずから知られたものとして精神の単純な直観によって（simplici mentis intuitu）認識するのである（AT, VII, 140）。

よってこの第一の真理が置かれている論理空間についても、セラーズの見解に従って批判的に考察することは可能である。デカルトがこの「私はある、私は存在する」という命題を真理として打ち立てるためには、ある条件が必要であった。これは前章第3節で確認したとおりである。つまりその条件とは、この命題が方法的懐疑を遂行中の「私」によって述べられる、あるいは精神によって捉えられる、というものであった。

しかしこのような限定のみでこの命題の真理は成り立つだろうか。先に引用した第二答弁の記述のように、この第一の真理が三段論法を通じて演繹されたものではないとしよう。しかしだからといって、この第一の真理は自ずから知られたものとして直観されるものであろうか。自ずから知られるのであれば、方法的懐疑を行使する意味はなくなってしまうだろう。したがって少なくとも、第一の真理が私たちに知られるためには、三段論法による演繹は必要でなくとも、方法的懐疑という過程を経なければならないということは、デカルトの『省察』の叙述の仕方からして明らかである。

さてデカルトは方法的懐疑を行使し、この第一の真理に辿り着くまでにさまざまな意見・知識を捨て去っている。その過程は前章第2節・第3節で確認したとおりである。しかし本節でこれまで充分に考察したように、方法的懐疑の過程においてある階層に属する意見・知識をすべて捨て去るということは、方法的懐疑を機能させている「理由や正当化の論理空間」そのものを解体しかねない。つまり方法的懐疑によってデカルトが第一の真理を発見するその際に、あの命題をある種の特権的な知識として成り立たせているのは、まさにそれまでの懐疑の過程で偽であるとして拒絶してきたものなのである。

さらに言い換えれば、切り捨てられてしまうことになるさまざまな意見・知識が、先述のように「理由や正当化の論理空間」においてそれぞれの位置を占めているからこそ、懐疑が懐疑として成立しうる論理空間が保持され、ひいてはあの命題がある種の特権的な知識として成立することになるのである。しかしながらこの場合、この「私はある、私は存在する」は、デカルトが望んだような非推論的で直接的な知識ではもはやありえないことになるだろう。

以上のように、セラーズの論文「経験主義と心の哲学」を援用しつつ、デカルトの「方法的懐疑」に対して批判的な検討を試みてきた。公正のために記しておくが、デカルトは感覚的知識や自然学的知識を捨て去ったままにしておくのではない。「私はある、私は存在する」を第一の原理として、そこから懐疑の過程において捨て去った諸々の知識を再構築していく（そのために必要不可欠なのが、前章第3節後半で確認した「神の存在証明」である）。自然学的知識、感覚的知識も「延長（extensio）」を基底として一種の粒子仮説の形をとって構築される（『世界論（*Le Monde*）』、『哲学の諸原理（*Principia philosophiae*）』などを参照）。そのような堅固な学を打ち立てようとするデカルトの態度はある程度評価されるべきであるのだが、そのために彼が採用した「方法的懐疑」という選択肢には上記で論じたように議論の余地が残るだろう。確かに旧来の学問体系を打ち壊し、新しい学を打ち立てるためには誇張的とも呼べる懐疑を行わねばならなかったかもしれない。また、当時の神学・スコラ哲学との関係もあるだろうし、方法的懐疑のプロセス、特に数学的知識に対する懐疑に影響を与えたとされる、いわゆる「永遠真理創造説」[7]との関係もあるだろう。こういった点も踏まえなければ、公正な批判とは言えまい。それについてはまた稿を改めて論じたい。

少なくともここで言えることは、学問をやる上でどのような方法を選択すべきか、知識の正当化とはどのように行われるべきか、こういった問題に対してデカルトの思想は私たちに重要な示唆を与えてくれるということである。また同じく、本章で「方法的懐疑」について論じるにあたって援用したウィトゲンシュタインやセラーズも、同じ問題に対してさまざまな示唆を与えてくれるものだろう。本章を閉じるにあたって、科学に関するセラーズの次のような言明を引用しておきたい。

人は次のような二つの光景のどちらかを選ぶように強いられているように思える。亀に乗って支えられている象という光景（何が亀を支えているのか？）か、自分の尾を自分の口にくわえている、ヘーゲル主義の偉大な知識の蛇という光景（それはどこで始まるのか？）か。どちらも選ぶまい。というのも、経験的知識は、その洗練化された拡張である科学と同様に、合理的であるのだが、それは、経験的知識［および科学］が基礎を有するからではなくて、それが同時にすべてではないけれども、いかなる主張をも危うくしうる、自己修正的な企て（self-correcting enterprise）であるからである。（EPM p.170）

註

（1）ウィトゲンシュタインの晩年の思想、特に「知識」にまつわる思索についての研究書として、次の文献を薦めたい。山田圭一『ウィトゲンシュタイン　最後の思考』（勁草書房、二〇〇九年）。

（2）『哲学探究』第一部第二三節（『ウィトゲンシュタイン全集8』（藤本隆志訳、大修館書店、一九七六年）、三二頁）。括弧内のドイツ語に関しては次の原書で確認した。Ludwig Wittgenstein, *Philosophische Untersuchungen* (Blackwell Publishing Ltd, 1953).

（3）以下のウィトゲンシュタインからの引用は次の文献による。ウィトゲンシュタイン『確実性の問題』（黒田亘訳、『ウィトゲンシュタイン全集9』（大修館書店、一九七五年出版）所収）。『確実性』と略記し、引用箇所の節番号と翻訳書の頁数を記す。括弧内の原語であるドイツ語に関しては次の原書で確認した。Ludwig Wittgenstein, *Über Gewissheit* (Basil Blackwell, 1969).

（4）Wilfrid Sellars, 'Empiricism and the Philosophy of Mind', in Herbert Feigl and Michael Scriven (eds.), *Minnesota Studies in the Philosophy of Science*, vol. 1 (Minneapolis: University of Minnesota Press, 1956). この文献は W. Sellars, *Science, Perception and Reality* (London: Routledge & Kegan Paul, 1963) に再録されており、本章での引用箇所の頁数はこの本に拠っている（日本語訳は筆者によるものであり、EPMと略記する）。なおこの本は抄訳であるが邦訳本が出版された（『経験論と心の

哲学』（神野慧一郎・土屋純一・中才敏郎訳、勁草書房、二〇〇六年））。なおまたこの論文は、Richard Rorty の序文、Robert Brandom の解説付で単行本化されている（W. Sellars, *Empiricism and the Philosophy of Mind* (Cambridge: Harvard University Press, 1997)）。この単行本についても邦訳が出版された（『経験論と心の哲学』（浜野研三訳、岩波書店、二〇〇六年））。

（5）感覚与件（sense data）とは、感覚を通じて私たちに直接与えられるもののこと。知覚的な認識の際には、正常な知覚の場合であれ錯覚の場合であれ、何かが私たちに与えられているのは確かなのだから、正常か錯覚かという区別とは独立に、その何かを表現する概念が必要となる。その何かは、一七、一八世紀頃は観念と呼ばれたが、二〇世紀前半では感覚与件と呼ばれることが一般的であった。

（6）タイプ／トークン（type／token）とは、言語的記号の、一般者としての側面と、その使用によって生じる個別的な物理的生起体としてのとしての側面との間の区別のこと。

（7）この「永遠真理創造説」とは、一六三〇年にデカルトが提唱した、彼の自然学の基礎付けに重要な役割を果たしたといわれる形而上学的テーゼである。このテーゼに関しては、本書においては論旨も異なるし、また紙幅の関係上論及できないが、一例としてメルセンヌ宛、一六三〇年四月一五日付（AT, I, 135–147）の書簡を参照されたい。この書簡の中で例えばデカルトは、「永遠的と名付けられているところの数学的諸真理は、他の残りすべての被造物と同様に、神によって確立され、神に完全に依存している」（AT, I, 145）、と記している。

第Ⅱ部　懐疑主義に抗して――現代の認識論・知識論

第1章……知識の正当化の問題と基礎付け主義

はじめに

第I部では懐疑主義の歴史ということで、ヘレニズム期の古代懐疑主義と、近世の懐疑主義について考察してきた。特に近世のデカルトの「方法的懐疑」に関しては、ウィトゲンシュタインやセラーズの見解を援用しながら批判的な分析を試みた。それを踏まえて第II部では現代の認識論・知識論における懐疑主義をめぐる議論を概観し、その是非について批判的に吟味していく。

本章第1節では議論の導入として、第I部では触れなかった近代における懐疑主義的な議論の著名なものの一つとして、帰納法に対する懐疑の問題を扱う。この点について非常に明瞭な仕方で考察したのがヒュームであるが、ここではまずニュートンにおける帰納法について簡潔に紹介し、ヒュームの「因果性についての懐疑」を論じる。ニュートンの科学的な業績、つまり万有引力の発見と定式化はそれ以降の自然科学において大きな影響を与えたが、それと同時にニュートンが科学的探究の方法として採用し活用したいわゆる帰納法というやり方も、のちの科学的探究のスタンダードとなっていく。しかしながらそのような帰納法も何の不備のない完璧な方法であったわけではなく、特にその論理的な側面について、ヒュームは懐疑を投げかけていく。

そして第2節以降ではそのような近代までの懐疑主義的な問題を踏まえた上で、現代哲学における「知識」をめぐる諸問題について考察していく。ここでは具体的には、「知識」の定義について再考を促す契機となったゲティア問題を取り上げる。特にここで問題となるのは「知識」であるための必要充分条件が何であるか、特に知識の正当化のためにいかなる要件が必要なのか、ということであり、ゲティア問題はこの点に対して改めて疑問を投げかけることになる。さらにここでは簡潔に、現代の知識論・認識論において基本となる対立軸、つまり内在主義と外在主義、および基礎付け主義と整合説についてその内実を確認する。第3節ではそれらの対立軸を踏まえて、チザムの『知識の理論』を参照しながら、「知識」についての内在主義的な基礎付け主義を論じる。第Ⅰ部第2章第2節、第3節で論じたデカルトも内在主義的な基礎付け主義であるが、チザムはデカルトとはまた別の形で私たちの認識の究極的な基礎となるものを提示することになる。

1 ヒュームの「因果性についての懐疑」

デカルトの懐疑論的な議論は、単純化すると外的世界の存在についての懐疑という問題になろうが、西洋近代においてのもう一つの懐疑論的な問題として、帰納法に対する懐疑というものもある。周知のとおり、一七世紀の近代自然科学およびその後の現代の自然科学において重要な方法の一つであるのが帰納法である。この方法の近代的な形はフランシス・ベーコン（Francis Bacon 一五六一―一六二六年）によって明確に強調され、一七世紀後半のニュートン（Isaac Newton 一六四二―一七二七年）による万有引力の法則の定式化とともに自然科学研究におけるスタンダードな方法となった。しかしながらこの帰納法という方法は完璧な穴のない方法ではない。特に論理的・合理的（理性的）にはある欠陥が見受けられる。このことを非常に明瞭な形で示したのが、デイヴィッド・ヒューム（David Hume 一七一一―七六年）である。彼はこの点を、自然世界における因果性あるいは自然の斉一性について論じる中で鋭く指摘することになる。ここではまずニュートンにおける帰納法について概観し、ヒュームの「因果性についての懐疑」について論じることにする。

ニュートンは自分が提示した運動の三法則や万有引力の法則は、きちんと自然現象から導出されたものであり、単なる仮説ではない、と主張している。このようなニュートンの態度が一番よく現れているのは、『プリンキピア（自然哲学の数学的諸原理）』（一六八七年初版）第三篇の冒頭部分である。ニュートンは『プリンキピア』第三篇の冒頭で、「哲学することの諸規則（Regulae philosophandi）」と題して、科学探究のための方法として、次の四つの規則を提示している。[1]

まず「規則Ⅰ」は、「自然的事物の原因としては、真でありかつそれらの現象を説明するのに充分であるより多くのものを認めてはならない（*Causas rerum naturalium non plures admitti debere, quam quae & verae sint & earum phaenomenis explicandis sufficiant*）」（PNPM p. 550）、というものである。さらに「規則Ⅱ」は、「したがって、同じ種類の自然の結果には、できる限り同じ原因をあてるべきである（*Ideoque effectuum naturalium ejusdem generis eaedem assignandae sunt causae, quatenus fieri potest*）」（同上）、というものである。この二つの規則からは、自然現象の説明にあたって、そのために充分な数の必要最低限の原因や自然法則を探求すべきであって、無駄な原因・仮説を想定しないようにすべきである、という態度が読み取れよう。

また「規則Ⅲ」は、「物体の各々の性質の内、増強されることも軽減されることもなく、また実験を行うことが許されているあらゆる物体にあてはまるところのものは、ありとあらゆる物体に普遍的な性質として（*pro qualitatibus corporum universorum*）見られるべきである」（PNPM p. 552）、というものである。ここでは、私たちが物体の性質として認めるべきものは、「実験」によって見出されるものであることが強調されている。ニュートンによれば、「実験の示すところに反して軽率に、夢想が作りだされてはならない」のである。そして最後に「規則Ⅳ」では「実験哲学においては（*in philosopia experimentali*）、現象から帰納によって帰結された命題は、いかなる反対の仮説（*contrariis hypothesibus*）によっても阻まれるべきではなく、他の現象が現れて、それによってその命題がより精確になるか、あるいは例外事例に除外されねばならなくなるまで、真実として、あるいは真実にきわめて近いものとしてみなされなければならない」（PNPM p. 555）、と述べられている。ここでも、現象から帰納によって推論されたものが自然法則として妥当なものであることが強調され、帰納による根拠付けのない単なる仮説は重要とされていない。

このような帰納と仮説の区別に関わるニュートンの最も有名な言明は、『プリンキピア』第二版（一七一三年）第三篇の末尾に付け加えられた「一般的注解」の中の次のような言葉である。

まだ私は実際に重力についてのこれらの特性の理由を現象から引き出すことはできませんでした。しかし私は仮説を作りません（hypotheses non fingo）。というのも、現象から導出されないものはどんなものであろうと、仮説と呼ばれるべきだからです。そして仮説は、それがメタ自然学的な（形而上的な）ものであろうと自然学的な（形而下的な）ものであろうと、また隠れた性質のものであろうと機械学的な（力学的）ものであろうと、実験哲学（*philosophia experimentali*）においては場所を持たないのです。この哲学においては、命題は現象から引き出され、そして帰納法によって一般法則となるのです（In hac philosophia propositiones deducuntur ex phaenomenis, & redduntur generales per inductionem)。(PNPM p. 764)

引用箇所の最初の文にある「重力についてのこれらの特性」とは、重力のいわゆる「遠隔作用」のことである。接しているものどうしが力を及ぼしあう近接作用はイメージしやすく理解しやすいが、遠く離れたものどうしがどのようにして力を及ぼしあうのか、という問題は、当時の自然哲学者たちにとってはなかなか理解困難なものであった。ニュートンもこの問題に関しては、「なぜ重力はこのような遠隔的な作用をするのか」という原因については分からないと率直に認める。そして彼の方法論に従ってこの点については「仮説を立てない」が、しかし重力の法則そのものは確かに主に天体現象についての観察データに基づく帰納法によって打ち立てることができる、と述べているわけである。このようにして帰納法は、ニュートンの科学的な業績の大きな影響のもとに、一七世紀以降の自然科学的探求においては欠くことのできない最も基本的な探求方法になっていった。

しかしながらこの「帰納法」には何の欠点もなかったわけではない。特に認識論という枠組みで重要になってくる問題は、主にデイヴィッド・ヒュームによって指摘されたものである。これは自然世界における因果性や自然の斉一性を私たち人間がどのような仕方で認識する・知るのか、という問題に関わる。まずはこの問題を考察する前に、ヒュームの認識論の要となる私たち人間の「知覚(perception)」について簡潔に確認する。取り上げる書物はヒュームの主著と評価されている『人間本性論（*A Treatise of Human Nature*）』（一七四〇年）(2)である。

ヒュームは『人間本性論』において、「人間の自然本性（human nature）」について詳細に論じている。そしてヒュームはこの人間本性を論究していく際の手掛かりとして、一七世紀以降の認識論における中心的な枠組みであった「観念説」を用いることになる。ヒュームの観念説はもちろん一七世紀前半に活躍したデカルトの観念説やジョン・ロック（John Locke 一六三二―一七〇四年）の観念説の枠組みを基本的には引き継いでいるが、その意味内容はやはり独特のものである。ヒュームは『人間本性論』第Ⅰ巻「知性について（of the Understanding）」第一部第一節において次のように述べている。

> 人間の心におけるあらゆる知覚（perceptions）は次の異なる二つの種類のものに分けられる。それらを私はそれぞれ「印象」（IMPRESSIONS）と「観念」（IDEAS）と呼ぶことにする。これらの二つのものの違いは、それらが心を打ち、その結果私たちの思考や意識となる際の、力強さと活発さの程度の違いに存している。最も力強くかつ激しく心の中へ入り込む知覚を、印象と名付けてもよかろう。そしてこの名称のもとに、私は心の内に初めて姿を現す際のすべての感覚、情念、情動を包含する。そして観念という言葉で私が意味しているのは、思考や推論を行う際のこれらの力のない心像のことである。（THN p. 1）

つまり上記の引用箇所にあるように、ヒュームは人間の心に現れるさまざまなものをまず総じて

「知覚」と呼び、それから二種類に分類する。その一方である「印象」とは心に初めて現れる力強く生き生きとした知覚のことであり、他方の「観念」とは、先の「印象」が思考したり想像したり想起したりする時に再現されたものである。

また「知覚」においては、「単純（simple）」と「複雑（complex）」という区別もある。

単純知覚、すなわち単純印象および単純観念は、いかなる区分の余地もいかなる分離の余地もないようなものである。他方複雑知覚は、これら単純知覚とは反対であり、部分に分けられうる。

（THN p. 2）

ヒュームは「知覚」についての上記のような二つの区分を指摘した上で、まず「印象」と「観念」についてては、力強さと活発さの程度の違いを除けば、それらは大きな類似があると述べている。つまり「印象」と「観念」との間にはある種の対応があるということである。しかしその対応関係は無制限に成立するものではなく、とりわけ複雑観念の内にはそれに対応する印象がないもの（例えば想像上の動物の観念）もあるし、複雑印象の内には観念としては完全に再現できないもの（ヒュームは都市としてのパリの印象を挙げている）もある（以上、THN pp. 2-3）。しかしながらヒュームは、どの単純観念にもそれと類似している単純印象があり、どの単純印象にもそれに対応する観念があると述べている。そしてヒュームは次のようなテーゼを立てている。

> 私たちの有するあらゆる単純観念はそれらが最初に現れる際、それらに対応しそれらが正確に再現するところの単純印象に起因している。(THN p. 4)

ヒュームはまずこのようにして『人間本性論』第Ⅰ巻で人間の心の仕組みを「知覚」という観点から明らかにしようとする。ヒュームは記憶の観念と想像の観念を区別し、前者は後者に比べてはるかに力強くて生き生きとしている、とする(第一部第三節)。また第一部第四節では観念の結合あるいは連合(connexion or association)について語られている。ヒュームによれば、単純観念の間を結び付ける何らかの絆、つまりそれによって一つの観念が別の観念を自然に導く何らかの連合する性質が存在する。その性質とは次のようなものである。

> このような連合を生じさせ、心がこの仕方に則って一つの観念からもう一つの観念へと運ばれることになる諸性質とは、次の三つのものである。それはつまり、「類似(RESEMBLANCE)」、時間と場所における「近接(CONTIGUITY)」、「原因(CAUSE)」と「結果(EFFECT)」である。(THN p. 11)

つまり、私たちが思考する際には、想像は一つの観念からそれと類似する何か他の観念へとたやすく移動するし、感覚機能と同様想像も、その対象を心に抱くのに空間や時間の各部分に沿って動くものである。そして「原因と結果」についてはのちに第I巻第三部で詳細に論じられることになり、これが懐疑論の問題にも密接に関係してくる。

さて『人間本性論』第I巻第三部では、いわゆる因果性の問題が扱われている。ヒュームはまず哲学的関係として次の七種類のものを挙げる。すなわち類似（*resemblance*）、同一性（*identity*）、時間および場所の関係（*relations of time and place*）、量あるいは数における割合（*proportion in quantity or number*）、質における度合い（*degrees in any quality*）、反対（*contrariety*）、因果性（*causation*）、である（THN p. 69）。そしてヒュームは、類似、反対、質における度合い、量あるいは数における割合の四つは、私たちが比較する観念に依存するものであり、知識と確実性の対象（the objects of knowledge and certainty）であると指摘する（第三部第一節）。残りの同一性、時間および場所の関係、因果性の三つは、経験によって知られる関係であり、抽象的な推論などによって知らされる関係ではない。つまり蓋然性（probability）の対象となるものである。

とりわけヒュームは、「私たちの感覚を超えて追跡されることができ、私たちが見たり感覚したりしない諸々の存在や対象のことを私たちに知らせる唯一の関係が、因果性である」（THN p. 74）と指摘する。ヒュームはこの因果性という関係を明らかにすることを試みるが、最終的にはこの因果性の観念、そしてこの原因と結果との間にある「必然的結合（necessary connexion）」についての観念がどのようにして生じるのか、という点を考究することになる。つまり私たちはなぜ、ある原因が必然的にある結果を伴うと断定するのか、あるいはなぜ一方から他方へと推論を行うのか、という問題についての考察である。

ここでは因果推論に対するヒュームの詳細な議論や彼の最終的な結論については省き、ヒュームの議論によって明確にされることになった、「帰納法」の問題についてだけ論じることにする（以下は主に『人間本性論』第Ⅰ巻第三部第六節の記述をもとにしている）。ヒュームによって明確になった「帰納法」の問題とは、だいたい以下のようなものである。ヒュームはまず、「私たちが一つの対象の存在から別の対象の存在を推論できるのは、ただ『経験（EXPERIENCE）』のみによってである」（THN p. 87）と強調する。そしてヒュームが特に注目したのは、いわゆる枚挙的帰納法である。これまで数多くのAという事例を調査して、それらすべてにBという特徴が備わっていることを発見したとする。枚挙的帰納法によれば、次に遭遇するAという事例もBという特徴を備えている、と私たちは結論付ける。例えば炎と呼ばれる種類の対象を見たことと、それに伴い熱さと呼ばれる種類の感覚を感じたことがある。そして過去のそれらのすべての実例で両者の間に「恒常的連接（CONSTANT CONJUNCTION）」があったことを見付ける（同上）。私たちはそのような「経験」から、炎を原因、熱さを結果と呼び、一方の存在からもう一方の存在を推論する。

ヒュームはこのようにして、記憶や感覚機能に現れてくる印象から、私たちが原因あるいは結果と呼ぶところの対象の観念へ移行することが、過去の経験、つまり両者の恒常的連接の想起がもとになっていることを指摘する（THN p. 88）。ここで問題になるのは次のことである。

> 経験が観念を生みだすのは、理性によるのか、想像によるのか（by means of the understanding or of the imagination）、すなわち私たちが移行を成すよう決定付けられるのは理性によるのか、諸々の知覚のある特定の連合つまり関係なのか。（THN pp. 88–89）

そしてヒュームは、そのような移行を理性が規定するのであれば、そこには次のような原理があると指摘する。

> すなわち、私たちがまだ経験していない事例は、私たちがすでに経験したことがある事例に類似していなければならない、つまり自然の運行は常に一様で同一にあり続ける（*the course of nature continues always uniformly the same*）、という原理である。（THN p. 89）

つまり上記のような帰納的推論にはある隠れた前提があるということである。それはつまり先の引用箇所にあるように、「自然の運行は常に一様で同じものであり続ける」という原理である（これは斉一性原理（the Uniformity Principle）と呼ばれる）。自然法則が不変であると確信しているからこそ、枚挙的帰納法が可能となる。

しかしこの斉一性原理そのものはどのような仕方で正当化されるのか。ヒュームも「どのような論証的（*demonstrative*）議論も、私たちがまだ経験していない事例が、私たちがすでに経験した事例に類似していいるということを証明しえない」（同上）と指摘するように、少なくともこれは帰納法、すなわち理性的推論によって正当化されるものではないだろう（そうすることは論点先取となってしまう）。つまり先ほどの事例のように、これまで体験・経験したAという事例にBという特徴があったとしても、次に遭遇するAという事例にBという特徴が備わっていないことは充分にありうる。もしかしたら何かしらの天変地異がこの宇宙において起こり、物理法則自体が変化する可能性も絶対にないとは言い切れない（デカルト的な極端な懐疑）。強いて論理的な推論を行うとすると、次のような論証となろう。

前提：今までは、自然は斉一的に運行していた。
前提：自然は斉一的に運行する。
結論：自然は斉一的に運行する。

この議論は論理的には真であるが明らかに循環論法である。上記のような点がヒュームの議論によって明示的にされた帰納法的推論に対する懐疑論である（ちなみにヒューム自身は、因果推論自体が誤りである、と言っているわけではなく、ヒュームがここで主張しているのは、因果推論は理性によるものではない、という点だけである）。このような仕方で、私たちにとって確実な知識はどのようにして得られるのかという問題に懐疑論が大きな影響を与えているということは、より明確になるだろう。近代以降も、このような懐疑論に対してどのように私たちは対処すべきか、ということが問題として引き継がれることになっていく。

2　ゲティア問題

第I部第2章第2節・第3節でデカルトの方法的懐疑と、本章第1節でヒュームの帰納法についての懐疑について論じた。懐疑論においては、そもそも確実な知識を私たちは手に入れることができるのか、という問題が重要である。この問題は言い換えれば、どのようなものを私たちは知識と呼ぶことができるのか、あるいは知識とはそもそも何であるか、というものである。さらに言えばどのような条件がそろえば単なる意見ではなく知識となるのか、という問題である。伝統的な認識論・知識論においては、おもに命題的知識（propositional knowledge）、つまりその内容が文（sentences）によって与えられるような知識が問題となってきた。もちろん、知識は命題的知識だけではない。ある人・ある場所を識別できる、という知識（いわゆる見知りの知識）、自転車を乗りこなせるという知識（いわゆるノウハウの知識）といったものもある。ただしこのような見知りの知識やノウハウの知識も命題的知識と無関係というわけではないし、ここでは議論の単純化のため、命題的知識に議論を絞ることにする。知識とは何であるか、という問題に対する回答としてこれまで探求されてきたのは、知識であるための必要かつ充分な条件を明らかにする、ということである。つまり知識であるためにはそれらの条件をすべて満たしていなければならず、それらの内どれか一つでも満たしていないのならば、知識とみなされないような、そのような必要充分条件である。マイケル・ウィリアムズは、これまで多くの哲学者が考えてきたそのような必要充分条件として、次のような「標準分析（the standard analysis）」と呼ばれるものを挙げている。

この分析に従えば、SはPを知っている（「S」は任意の認識主体を表し、「P」は任意の命題を表している）というのは、以下の条件のもとでのみである。[3]

1．SはPを信じている。（信念条件［the belief condition］）

2．Pは真である。（真理条件［the truth condition］）

3（J）．SがPを信じているということは、適切に正当化される。

（正当化条件［the justification condition］）（PK p. 16）

これらの諸条件の内、信念条件は無知（ignorance）を、真理条件は誤謬（error）を、正当化条件は単なる意見（mere opinion）を締め出している。このような標準分析は、知識をある特殊な種類の信念として扱っている。つまり知識とは、真でありかつ正当化されている信念である。

これまで論じてきた懐疑論との関連で重要なのは、上記の標準分析における正当化条件であろう。

例えば第I部第1章第3節末尾で論じた「アグリッパのトリレンマ」であるが（「無限後退」、「循環」、「仮説」の三つをセットにしたもの）、このトリレンマは、知識であることを正当化しようとする時の可能な三つの選択肢であるが、アグリッパの議論が正しいのなら、どの一つを選んでも最終的には正当化には失敗し、知識なるものは存在しないことになる。したがって単なる意見ではない知識が成り立つためには、この正当化条件が必須であるし、適切に正当化されるとはどういう事態なのかが明確にならねばならないだろう。また正当化条件は、間違った根拠によって、あるいはまったく根拠のないまま保持されている信念が、たまたま真であるとしても、それらが知識には数え入れられないことを保証するものである。

上記では、知識が何であるかの条件に、正当化の規定を課すことが必須であると指摘してきた。しかしながら、エドムント・ゲティア（Edmund Gettier 一九二七年—）による見事なまでに短い論文において提出された別の問いは、この規定を付け加えることで充分なのかどうか、というものである。この論文の中でゲティアは、これまでの知識の定義に対する反証例として、次のような話を語っている。(4) ゲティアは二つの例を挙げているが、ここでは一つ目のものをそのまま引用してみよう。

ケース1

スミスとジョーンズの二人がある仕事に求職したとする。そしてスミスは次のような連言命題の強力な証拠を持っているとする。

（d）ジョーンズが仕事にありつくことになるだろうし、かつジョーンズはポケットに一〇個のコインを持っている。

（d）に対するスミスの証拠は、その会社の社長がスミスにジョーンズが最終的には選ばれるだろうと請け負ったことと、スミスがジョーンズのポケットの中のコインを一〇分ほど前に数えたことかもしれない。命題（d）が論理的必然として意味するのは次のことである。

（e）職にありつくであろう男はポケットの中に一〇枚のコインを持っている。

スミスは（d）から（e）への内含を見て取るし、彼が強力な証拠を持っている（d）という根拠に基づいて（e）を受け入れると想定しよう。この場合、スミスは明瞭に（e）が真であると信じることにおいて正当化されている。

しかしさらに次のように想像してみよう。スミスには知られていないことだが、ジョーンズではなくてスミス自身が職にありつくことになる、と。そしてこれもまたスミスには知られていないことだが、スミス自身がポケットの中に一〇枚のコインを持っている、と。スミスが命題（e）

をそれに基づいて推論したところの命題（d）は間違いであるけれども、命題（e）は真である。そうなるとこの私たちの事例では、次のすべてが真となる。（i）（e）は真である。（ii）（e）は真であるとスミスは信じている。（iii）スミスは（e）が真であると信じていることにおいて正当化されている。しかし、スミスは（e）が真であることを知らないということも等しく明らかである。というのも、スミスは自分のポケットの中に何枚のコインが入っているかを知らないし、スミスは（e）への自分の信念を、彼が間違って職にありつくだろうと信じているジョーンズのポケットの中のコインの枚数を数え上げたことに基づかせているにもかかわらず、スミスのポケットの中のコインの数によれば（e）は真だからである。

上記の引用箇所においては、標準分析に含まれているあらゆる条件は明瞭に満たされているにもかかわらず、（e）は真であるとスミスは知っている、とは誰も言わないだろう。したがって、標準分析は知識であるための必要充分な条件を与えることに失敗していることになるかもしれない。標準分析に対するこのようなゲティア流の反証に対して、標準分析を改良することによって、つまり知識であるための新たな必要かつ充分な条件を見付け出そうという試みがさまざまになされてきた。言うならば正当化条件を修正することによってこの問題を解決しようとするものである。逆に標準分析に含まれている正当化条件をまったく省いてしまって、知識の非正当化的な分析を提示しようとする立場もある。この立場の典型的なものは外在主義・信頼性主義と呼ばれるものである。

これ以降は上記のようなゲティア問題そのものを論じていくのではなく、このような問題を扱う際に明瞭となる、現代の認識論・知識論における主要な立場、つまり内在主義／外在主義、基礎付け主義／整合説という対立軸について論じていこう。まずは内在主義、外在主義、基礎付け主義、整合説について簡潔に定義付けしておく。内在主義、外在主義、基礎付け主義、整合説といってもそれぞれその内実に関してはさまざまな違いがあり、そう単純に定義付けすることはできない。しかしながらここでは最大公約数的にそれぞれの立場を簡潔にまとめておこう。

広い意味での内在主義（internalism）とは、とりわけ認識的な正当化に関する内在主義とは、ある信念が正当化されるために要求されるすべての要素は、認識主体にとって認知的に接近可能（cognitively accessible）でなければならない、つまりすでにそれらが認識主体にとって知られているか経験されていなければならない、という立場である。そういう意味でこの立場では、ある信念が正当化されるために要求されるすべての要素が認識主体の心に内在的（internal to the subject's mind）でなければならない、とされる。

広い意味での外在主義（externalism）とは、とりわけ正当化に関する外在主義とは、正当化するための諸要素のある部分は、認識主体の認知的なパースペクティヴに外在的であってよい、という見解である。つまり真なる信念を知識と成すための諸事実は、知る者にとって認識されていなくてもよい、あるいは認識されることができなくてもよい、という立場である。この外在主義に属する立場で最も卓越しているものは信頼性主義（reliabilism）である。この立場は、ある信念に対してそれを知識としてあるいは正当化されたものとして資格を与えるものは、その信念を真とする諸事実への信頼できるつながり（合理的で法則的な状況の連なり）である、と主張する。そしてこの信頼性主義が外在主義であるのは、その信頼できるつながりが認識主体にとって必ずしも認知的に接近可能である（意識的に認識されている）必要はない、としている点においてである。

広い意味での基礎付け主義（foundationalism）は、まず基礎となる信念（あるいは意識の何らかの第一次形態、つまり経験そのもの）を見付け出そうとする。その基礎的信念は正当化の連鎖の終着点となるものである。さらにそのような基礎的信念はさらに他の何らかの信念から導出されることなく非推論的に正当化されるものである。逆を言えばそのような基礎的信念をもとにして、他の信念が導出され正当化されていき（基礎付けられ）、このように正当化された諸々の信念の体系はある種の建築物のようなものとなる。つまり基底レベルが存在し、その上にすべての上階層が立つことになる。

マイケル・ウィリアムズはこのような基礎付け主義を次のような二つに区分している。ウィリアムズは上記のような基礎付け主義者の構造的テーゼを構造的基礎付け主義（structural foundationalism）と呼んでいる。

（STF）（i）基礎的な信念がある。それらの信念はある意味で、さらなる証拠に寄りかかることなしに正当化されて保持されている。（ii）信念が正当化されるのは、それがそれ自身基礎的であるか、ある適切な仕方で他の正当化された諸々の信念に推論的に結びついているか、その時のみである。（PK p. 82）

これは基礎付け主義の形式的な面を表しているものであるが、これよりももっと強い主張をするものが実体的基礎付け主義（substantive foundationalism）と呼ばれている。

（SUF）（i）と（ii）は上記のものである。（iii）次のようなある種の信念群（あるいは他の意識状態）があって、それらは正にその本性によって——つまり、それらの内容によって——正当化の連鎖のための終着点の役割を演じるのに適している。これらの信念（あるいは他の意識状態）は認識論的に基礎的である。本来的に信頼できるか、あるいは自明であるがゆえに。（PK p. 83）

構造的基礎付け主義が、正当化はあれやこれの信念を伴って終点に達する、とだけ言うのに対して、実体的基礎付け主義は、もっと強い次のような主張をするのである。それはつまり、ある特定の明白な種類の信念があって、それらの信念はそれらの判明な内容によって同定され、それらの信念を伴うことで正当化は常に終点に達するのである、と。

広い意味での整合説（coherence theory）は、正当化を信念間の互いのつながりの問題にしており、個々の信念はその信頼性を、諸々の信念のより大きな体系において果たしている自身の役割から得ている、とされる。つまり整合説では、基礎付け主義のように、信念がそれ自身ですべて正当化されている、ということは問題ではない。個々の信念が正当化されるためには、信念は正当化された体系に適合していなければならず、そしてその体系とは多かれ少なかれ、全体として見られた時にそれがどれだけ筋道が立っているかに依存しつつ正当化されている、とされる。

さてこのように四つの立場を簡潔に確認した上で、本書第Ⅱ部ではこれ以降、それぞれについてより詳しく論じていこう。まず本章では次節で内在主義的な基礎付け主義を扱い、第2章で整合説、第3章で外在主義を論じ、第4章ではある意味それらを総合する立場として、「文脈主義」について検討する。

3　チザムの内在主義的な基礎付け主義

第Ⅰ部第2章第2節と第3節で論じたデカルトの思想も基本的に基礎付け主義の一つであるが、ここでは二〇世紀に活躍したアメリカの哲学者、ロデリック・チザム（Roderick Chisholm 一九一六—九九年）の基礎付け主義を簡潔に紹介し論じていく。チザムの認識論的な立場は内在主義的な基礎付け主義である。彼によれば、正当化されたあらゆる信念は、直接的に明証的な（directly evident）ものであるか、最終的には直接的に明証的なものに行き着くことになる諸々の正当化された信念の連鎖によって支持されるものであるか、のどちらかである。チザムの主著の一つである『知識の理論（*Theory of Knowledge*）』（第一版一九六六年、第二版一九七七年、第三版一九八九年）では彼の認識論的な立場が明快に示されているが、ここでは第二版第二章「直接的に明証的なもの（the directly evident）」の記述を参照し論じる(5)。

この第二版第二章「直接的に明証的なもの」では、まずチザムが言うところのソクラテス的な問い、つまり「これは真である何ものかである、と私が知っていると考えるために、私はいかなる正当化を有しているのか？」という問いに注目し、この問いに対する答えを与えようとする。そこでチザムはこの問いに対するひとまずの答えとして、次の形式のものを与える。それはつまり、「aはFであるということを私は知っていると考えることにおいて私を正当化しているものは、bはGであるということが私にとって明証的である、という事実である」というものである。具体例としてチザムが挙げているのは、「彼があの疾患を抱えているということを私は知っていると考えることにおいて私を正当化しているものは、彼があれらの症状を呈しているということが私にとって明証的である、という事実である」というようなものである。

ここにおいてチザムは、このような答えにおいては、「明証性の規則（rule of evidence）」と呼ばれる認識的原理が前提されている、と指摘する。その原理とは、「もしbがGであるということが私にとって明証的ならば、aがFであるということは私にとって明証的である」というものである（TK p. 247）。この原理は、ある一つの事柄が別の事柄を明証的にすることに資する、ということを述べている。そしてこの原理を前提すると、そもそもの問いが繰り返されうることになる。つまり「bがGであると私が知っていると考えるために、私はいかなる正当化を有しているのか」、と。こうなってくると問題となるのは、このような問いと答えの連鎖はどの程度の長さ続くのだろうか、ということであろう。アグリッパのトリレンマのように、このような正当化の連鎖が無限に続く場合もあるだろうし、悪循環に陥る場合もあるだろう。

しかしチザムは、ソクラテス的な問いに対して答える際には、私たちは上記の二つの道を取らず、ある適切な場所で止まるだろうと指摘する。しかしながら、そのような終着点を私たちはどのような仕方で正しく認識するのだろうか。チザムはとりあえず、ソクラテス的な問いに対する答えが次のような形になる時、終着点に達したと言えるだろうと述べている。それはつまり、「aがFであるということを私が知っていると考えることにおいて私を正当化しているものは、まさにaがFであるという事実である」という答えである。このタイプの答えが適切である時にはいつでも、私たちは直接的に明証的（*directly evident*）であるもの・ことに遭遇したことになる（TK p. 248）。そこでこのタイプの答えが適切である時はどのような場合なのか。すぐ思い付くのは、私たちの「経験」を正確に記述しているものや、私たちの「知覚」や「観察」を系統立てて述べているものであろうが、チザムはそれだけでは明証的であることには不充分であると述べている。

またチザムは、直接的に明証的なことに関連して、ライプニッツ（Gottfried Wilhelm Leibniz 一六四六―一七一六年）がいわゆる「事実に関する第一真理」と「理性に関する第一真理」について述べた箇所を引用している（ライプニッツ『人間知性新論』（一七〇四年）第Ⅳ巻第九章）。

私たち自身の存在、および私たち自身の思考に関する私たちの直接的な意識は、私たちにア・ポステリオリな、あるいは事実に関する第一真理（les premières verities a posteriori, ou de fait）、つまり換言すれば、第一経験（*les premières expériences*）を提供してくれる。ちょうど、同一律を述べている命題がア・プリオリな、あるいは理性に関する第一真理（les premières verities a priori, ou de raison）、つまり換言すれば、第一の光（*les premières lumières*）を含意するようなものである。両者とも、証明されることができないし、直接的な（*immédiates*）ものと呼ばれうる。というのも前者に関しては、知性とその対象との間に媒介物が何もないからであり、後者に関しては、主語と述語の間に媒介物が何もないからである[6]。

ここでチザムが問題とするのは、上記の引用文における事実に関する第一真理の方である。チザムは改めて、「考えていること(thinking)」や「信じていること(believing)」が直接的に明証的なものの典型例を提供する、と指摘している。チザムはこのことについて次のように述べている。

> 私たちは、私たちの信念についてのある種の命題や私たちの思考についてのある種の命題に対する正当化を、単にこれらの命題を繰り返すことによって、申し立てることができる。したがってそういった命題は、直接的に明証的な事柄に関係していると言われよう。(TK p. 249)

チザムの挙げている例だと、例えばもし私がソクラテスは死ぬものであると信じているとすれば、それ自体で、私がソクラテスは死ぬものであると信じているということは私にとって明証的である。ひとまずチザムにとっての直接的に明証的なものとは、このような「考えていること」「信じていること」といった、「それ自身を現出させるもの(self-presenting)」となるだろう。このような主張からは、チザムの内在主義的な立場が見て取れる。つまり認識主体が「考えている」「信じている」といった点を強調することは、信念が正当化されるために要求されるすべての要素が認識主体の心に内在的でなければならないとする内在主義の立場にとっては、当然のことであろう。

さて、ここでの「自身を現出させる」ということについては、チザムは次のように定式化している。「hがSにとってtの時に自身を現出させている=定義：hがtの時に生じており、そして必然的に、もしhがtの時に生じているのならば、hはSにとってtの時に明証的である」。別の定式化としては、「hがSにとってtの時に自身を現出させている＝定義：hはtの時に真であり、そして必然的に、もしhがtの時に真であるのならば、hはSにとってtの時に明証的である」（TK p. 250）。チザムはこのような「自身を現出させる」という概念も用いつつ、「直接的に明証的」という概念を特徴付けている。デカルトの有名な「私は考えている」という言述も、自身が考えているということが条件で、Sにとって自身を現出させているものを表現しているのであり、考えている私にとって直接的に明証的である。

最終的にチザムは「直接的に明証的である」を次のように定義している。

> hはSにとって直接的に明証的である＝定義：hは論理的に偶発的なものであり、そして（i）eはSにとって自身を現出していて、かつ（ii）必然的に、eを受け入れるものは誰でもhを受け入れるようなeが存在する。（TK p. 251）

例えば、「誰か考えている人がいる（h）」が私（S）にとって直接的に明証的であるのは、まず「誰か考えている人がいる（h）」ということは論理的にはありえたりありえなかったりするので偶発的なものである。さらに「私は考えている（e）」ということは自身を現出させているものであり（上記の「自身を現出させる」の定義にあてはまる）、「私は考えている（e）」を受け入れることは、必然的に「誰か考えている人がいる（h）」を受け入れることになるので、上記の「直接的に明証的」の定義にあてはまる。

チザムは上記のような「直接的に明証的」の定義にまつわるさまざまな問題についても論究しているが（例えば「思われること（seeming）」と「見えること（appearing）」について）、ここでは論究しない。チザムが直接的に明証的な事柄を表現している言明として挙げているものは、ライプニッツが言うような、私たちの思考に関わる言明である。例えば、思っていること、信じていること、望んでいること、恐れていること、不思議に思っていること、願望していること、愛していること、憎んでいることと。チザムはこのような直接的に明証的なことを、知識を構成する基礎の部分に相当するものであるとし、これらのものをもとにして基礎付け主義的に知識を構築するという構図を考えている。このチザムのような知識論は伝統的な見方であり、第I部第2章第2節と第3節で論じたようなデカルトの基礎付け主義と同じ流れに属するものであろう。

しかしこのような内在主義的な基礎付け主義は、知識を構成するやり方として、はたして適切なものであるのか。デカルトの場合については、第I部第3章で方法的懐疑の妥当性とともに、その基礎付け主義的な面に関しても批判的に論究した。チザムの場合も同種の批判がなされうるし、やはり問題なのは、主観的なものがいかにして客観的妥当性を有する知識へとなりうるのか、という点であろう。デカルトの場合は第I部第2章第3節後半で確認したように、「私の存在」から「神の存在」を証明することを通じてある意味客観的妥当性を得ようと試みたわけであるが、その試みが成就したかどうかは疑問が残る（「デカルトの循環」という問題など）。チザムの場合も「直接的に明証的なもの」はあくまで認識主体にとってのものであり、それがどのような仕方で普遍的妥当性を持つものになりうるかは明らかではない。その点でこのような立場が哲学的懐疑論に完全に対抗できるかは議論の余地が残るだろう。

註

（1）ラテン語原文からの引用は次のものに拠った。*Issac Newton's Philosophiae Naturalis Principia Mathematica, the third edition* (1726) *with variant readings*, assembled and edited by Alexandre Koyré and I. Bernard Cohen with the assistance of Anne Whitman (Cambridge at the University Press, 2vols, 1972).「PNPM」と略記し、文中に括弧内で記した頁数はこの文献のものである。拙訳であるが、『世界の名著　二六　ニュートン』（河辺六男責任編集、中央公論社、一九七一年）所収のものを参考にした。

（2）以下、ヒュームの『人間本性論』からの引用は、次の文献による。*A Treatise of Human Nature*, ed. by L. A. Selby-Bigge, Second Edition, with text revised by P. H. Nidditch (Oxford: Clarendon Press, 1978).「THN」と略記し、引用箇所括弧内の頁数はこの文献のものであり、拙訳。

（3）Michael Williams, *Problems of Knowledge: A Critical Introduction to Epistemology* (New York: Oxford University Press, 2001). 以下、この文献からの引用については「PK」と略記し、拙訳であり、括弧内にこの文献の頁数を記す。

（4）Edmund L. Gettier, 'Is Justified True Belief Knowledge?' in *Analysis* 23 (1963), pp. 121–123. 日本語訳は論者による拙訳。

（5）Roderick M. Chisholm, 'The Directly Evident' in *Theory of Knowledge*, 2nd ed. (Englewood Cliffs, NJ.:Prentice-Hall, 1977), pp.

16–33.「TK」と略記し、以下の引用箇所などに記した頁数は、上記のものが再録されている次の文献のものであり、拙訳。Sven Bernecker and Fred Dretske (eds.), *Knowledge: Readings in Contemporary Epistemology* (Oxford University Press, 2000). 因みにこの『知識の理論』第一版と第三版は日本語訳がある。ロデリック・M・チゾルム『知識の理論』（吉田夏彦訳、培風館、一九七〇年）とR・M・チザム『知識の理論　第三版』（上枝美典訳、世界思想社、二〇〇三年）である。

（6）　G. W. Leibniz, *Nouveaux essais sur l'entendement humain*, chronologie et introduction par Jacques Brunschwig agrégé de philosophie (Paris: Garnier-Flammarion, 1966), pp. 383–384. 日本語訳は筆者による拙訳。

第2章……………整合説——クワイン、デイヴィドソン、ローティ

はじめに

本章では、「知識」についての主要な見解の内、基礎付け主義の対立項としてみなされている、整合説について論じていく。まず第1節では、整合説の主要な特徴の一つである全体論（ホーリズム：holism）について、現代英米哲学において大きな影響を与えたクワインの論文の一つ、「経験主義の二つのドグマ」を参照しつつ論じる。論文のタイトル通り、ここでは現代の経験主義に関わる二つのドグマについて論じられるわけだが（分析性の問題と還元主義の問題）、特に二つ目のドグマである「還元主義」に対するクワインの批判的検討から、彼のホーリズムの考えが明らかになろう。結論を簡潔に先取りすれば、各々の経験を表す言明はそれ単独では評価できず、他のさまざまな言明との関係においてその評価が変化しうるものであり、知識や信念の総体は地理や歴史といったものから物理や数学

といったものまでの人間の知識の総体のことであり、それらは総体として多様な仕方で互いに結び付き合っている、ということである。

ついで第2節では、整合説について論じられているデイヴィドソンの論文「真理と知識の整合説」を参照しつつ論じる。そこで主題となるのは、いわゆる「真理の対応説」がもたらすさまざまな問題を、一般にはそれと対立するとされる整合説の立場からどう捉え直すことができるかということである。以下で詳しく論じるように、対応説は真理の正当化という点で懐疑論的な問題を引き起こすが、デイヴィドソンは整合説の立場から基礎付け主義に対して批判的な検討を加えることで、整合説が懐疑論への防波堤となりうることを示そうとするので、その点を特に明確に示したい。その際に議論の要となるのは、クワインの「根本的翻訳」に基づいたデイヴィドソンの「根本的解釈」という考えであり、それによれば、解釈者が好意の原理によって発話者の信念を解釈する際には、まず話し手の信念は解釈者の真理の基準に合致するように整合的に解釈されるし、そのようにして話し手の信念には基本的な論理的真理の知識が帰属させられることになる。

最後に第3節では、デイヴィドソンの論文「真理と知識の整合説」で展開される整合説的な立場からの哲学的懐疑論への応答について、さらに踏み込んだ考察を行っているローティの論文「プラグマティズム、デイヴィドソン、真理」を取り上げて論じる。ここでは特にローティが解釈するところのデイヴィドソンの整合主義が、哲学的懐疑論に対してどのような態度を導き出しうるかという点を確認じたい。結論を簡潔に言えば、ローティはデイヴィドソンの立場がプラグマティズムに属するものであり、その立場は懐疑論に正面から答えるものではなく、問いそのものを解体するようなものであると解釈している。

1 クワインのホーリズム

現代英米哲学において、言語哲学や科学哲学、認識論、心の哲学などの多岐にわたって大きな影響を与えたW・V・O・クワイン（Willard Van Orman Quine 一九〇八―二〇〇〇年）。本節では彼の思想の核の部分の一つである全体論（ホーリズム）に関して、彼の著名な論文「経験主義の二つのドグマ（Two Dogmas of Empiricism）」（一九五一年）[1]を参照しつつ、論じていこう。

クワインはこの論文の冒頭において、主題となることを次のように明快に述べている。

現代の経験主義［いわゆる論理実証主義（logical positivism）］は大部分次の二つのドグマによって条件付けられてきた。一つは分析的（*analytic*）である真理、すなわち事実問題とは独立に意味に基づいている真理と、総合的（*synthetic*）である真理、すなわち事実に基づいている真理との間にある根本的な裂け目がある、という信念である。もう一つのドグマは還元主義（*reductionism*）である。それはつまり、各々の有意味な言明は直接的経験を指示する名辞から成る論理的構築物と等しい、という信念である。どちらのドグマも根拠が薄弱である、と私は主張する。これらのドグマをなげうつことの一つの結果は、後で見るように、思弁的形而上学と自然科学の間にあると想定されている境界がぼやけてくる、ということである。もう一つの結果は、プラグマティズムへの方向転換である。（TDE p. 20）

クワインがこの論文で論じるのは、上記の引用箇所にあるように、分析性の問題と還元主義の問題である。この二つは密接に結びついているのだが、本章の主題である整合説にとってより重要なのは還元主義の問題であろう。したがって分析性の問題に関するクワインの論述に関しては、簡潔に述べるにとどめ、ここでは後者の還元主義の問題を論じる中で明らかになるクワインのホーリズムについて詳述する。

クワインはまず「分析性」について考察を深めることで、上記の引用箇所にある一つ目のドグマを否定する。つまり、いわゆる分析的真理と総合的真理との間にははっきりとした境界線はない、ということを主張する。問題となる分析的真理とは、事実とは独立に意味によって真となるようなものである。したがってまずここで考察の対象となるのは、意味（*meaning*）とは何か、ということである

（TDE第一節）。さらにクワインは分析的な言明の内、いわゆる論理的に真である言明（つまり論理定項［「〜でない」「かつ」「または」など］以外の構成要素をどのように解釈し直しても真であり続ける言明）、例えば「結婚していない男は誰も結婚していない」をとりあえず考察の対象から外す。そしてクワインが注目するのは分析的な言明の第二のクラスのもの、つまりいわゆる同義性（synonymy）に基づいているような言明である（例えば「独身男は誰も結婚していない」）。

ここで「同義性」の概念を明らかにするための手掛かりとして、クワインは定義（definition）について考察する（TDE第二節）。しかしこの「定義」も結局は以前からある同義性の諸関係を肯定するにすぎないものであり、何ら同義性の解明とならない、と指摘する。次いでクワインは「同義性」の解明のために「真理値を変えることなき相互交換可能性（interchangeability: *salva veritate*）」について考察する（TDE第三節）。これは「二つの言語形式の同義性とは、それらがすべての文脈において真理値を変化させることなく置き換えることが可能である」という考え方に基づいているものである。しかしこの「相互交換可能性」の概念には「必然的に」という概念が付いてまわり、クワインによればこの「必然的に」の用法は「……は分析的である」という時の「分析的」の用法と同じであり、議論が循環してしまう。

このようにして「同義性」の概念によっては「分析性」の概念の解明がうまくいかないことをクワインは結論付け、最後に「分析性」を「意味論的規則（semantical rules）」によって解明するという試みを検討する（TDE 第四節）。ここでの意味論的規則とは、言語的な規約として、ある種の命題は分析的である、と取り決めるような規則のことである。しかしながらクワインによれば、このような意味論的規則に訴えても「分析性」の概念は明らかとはならない。というのも単に恣意的に集められた「意味論的規則」ではなく、きちんと意図された「意味論的規則」として機能するためには、「意味によって真である」ということ、つまり「分析的である」ということがあらかじめ理解されていなければならないからである。こういうわけで「意味論的規則」という概念に基づいて「分析性」を解明しようとする試みもうまくいかないことが示され、最終的にクワインは次のように結論付ける。

［中略］分析的言明と総合的言明との間の境界線は引かれてはいなかったのである。そのような区別がそもそも立てられるべきであるということが、経験主義者の非経験的ドグマ（unempirical dogma of empiricists）なのであり、形而上学的な信条なのである。（TDE p. 37）

クワインはこのように「分析性」の概念を批判的に検討した後、二つ目のドグマの考察に入る。彼が議論の手掛かりとするのは、いわゆる「意味の検証理論（verification theory of meaning）」である（TDE 第五節）。ここでの意味の検証理論とは、言明の意味を、それを経験的に確証したりあるいは反証したりする（empirically confirming or infirming）方法である、とするものである。この検証理論によれば、二つの言明が同義であるのは、それらが経験的な確証あるいは反証方法の観点で同様である時、かつその時に限られる、ということになる。したがってこの検証理論によってある言明が論理的に真なる言明と同義であるということが判明するとすれば、その言明は分析的である、と記述できそうである。

しかしながら、ここで次のような問題が持ち上がる。先に述べたように、言明間の同義性は経験的確証あるいは反証方法の類似性にあるとされていた。類似性に関して比較されるこれらの方法とは何だろうか。換言すれば、言明とその確証に寄与したりそれを妨げたりする経験との間の関係の本性とはどのようなものだろうか（TDE p. 38）。クワインはこの関係についての典型的なものとして、それは直接的報告（direct report）という関係であると指摘する。これは根本的還元主義（*radical reductionism*）と呼ばれるものであり、有意味な言明はどれも、直接的経験についての（真あるいは偽である）言明に翻訳されることが可能である、と主張する。

クワインはこの根本的還元主義の主張（二〇世紀前半における感覚与件論の立場によく見られた）をさまざまな形で批判的に検討する。クワインの結論としては、簡潔にまとめると、そのような還元は不可能である、ということである。クワインは次のように述べている。

還元主義のドグマは、各々の言明は、他の言明から孤立した形で受け取られても、まったくもって確証や反証を受け付けることができるという想定の内に生き残っている。私の反対提案は、それは本質的には『世界の論理的構築』における物理的世界に関するカルナップの説に由来するものであるのだが、それは次のようなものである。外的世界についての私たちの言明は、個々別々にではなく、一つの統一されたまとまりとしてのみ（not individually but only as a corporate body）、感覚経験の裁きの場に直面するのである。（TDE p. 41）

上記の引用箇所から明確なように、ここではクワインの全体論的なものの見方が明瞭に示されている。この見方を示すことで、クワインは第二のドグマである還元主義を捨て去り、それと密接に関係している第一のドグマ（分析的言明と総合的言明との間には裂け目があるというドグマ）を捨て去ることを提案するのである。

このようなクワインのホーリズムはこの論文の最終節（TDE 第六節「ドグマなき経験主義」）にもいくつか散見される。第六節の冒頭でクワインは次のように述べている。

[中略] 私たちのいわゆる知識や信念の総体は、その縁に沿ってのみ経験に突き当たる人工の構造物（man-made fabric which impinges on experience only along the edges）である。あるいは別の比喩を用いれば、科学全体はその境界条件が経験であるところの力の場のようなものである。周縁部分における経験との衝突は、場の内部における再調整を引き起こす。[中略] しかし場の全体は、その境界条件、すなわち経験によっては不完全にしか決定されないので、対立する経験のどれか一つを鑑みてどの言明を再評価するかに関しては、かなり選択の幅がある。（TDE pp. 42–43）

ここでも、各々の経験を表す言明はそれ単独では評価できず、他のさまざまな言明との関係において、その評価が変化しうるものであることが指摘されている。ここでクワインが言っている知識や信念の総体は、地理や歴史といったものから物理や数学といったものまでの人間の知識の総体のことであり、それらは総体として多様な仕方で互いに結び付き合っている。

したがってこのようなクワインの全体論的なものの見方が正しいとすれば、この論文の前半で論点となっていた第一のドグマもやはり否定的に捉えられることになろう。つまり経験に依存して成立するとされる総合的言明と、どのような文脈においても成り立つとされる分析的言明との間の境界を探し求めるのは困難な試みである。この点に関してクワインは次のように述べている。

どのような言明も、もし私たちが体系の中のどこかで思い切った充分な調整を行うならば、どんなことが起ころうとも真として保持し続けることができる。［中略］逆に同じ理由によって、どのような言明も改定を免れることはない。(TDE p. 43)

この箇所では極端な例として、排中律といった論理法則のようなものでさえ、量子力学を単純化する手段として改訂されうるという例をクワインは挙げている。このような全体論においては、分析的な言明と総合的な言明の間の境界が曖昧になるだけでなく、例えば神話と現代科学との境界も程度の差にすぎないとされる。もちろんクワインは物理的対象の存在を信じており、逆にホメロスの神々の存在を信じているわけではない。しかしながらある観点では、つまり「認識論的な身分という点では、物理的な諸対象と神々との間には程度に関してのみ差があるだけであって、種類に関して異なっているのではない」(TDE p. 44)。このようにクワインのホーリズムは私たちの信念や知識がどのような構成物を成しているかについて、非常に興味深い観点を与えてくれるものである。

2 デイヴィドソンの整合説

では次に、整合説について論じたデイヴィドソンの論文「真理と知識の整合説(A Coherence Theory of Truth and Knowledge)」(一九八三年)[2]を参照しつつ論じてみよう。ドナルド・デイヴィドソン(Donald H. Davidson 一九一七—二〇〇三年)の業績は多岐にわたり、とりわけ言語哲学や心の哲学の分野での影響力は大きい。クワインの思想を受け継ぎつつも独自の思想を展開しており、自他の発話の理解における「根本的解釈」や、心的出来事と物理出来事との関係を捉える見方の一つである「非法則的一元論」を提唱したりしている。本節ではデイヴィドソンの知識論・真理論に関する見解を参照しつつ論じるが、その中で特に「根本的解釈」などについては触れる機会もあるだろう。

デイヴィドソンはこの論文の冒頭で、その主題について次のように述べている。

この論文で私が擁護するのは、真理と知識についての整合説と呼ばれてよいようなものである。私が擁護する理論は、対応説（correspondence theory）と競合するものではなく、むしろ逆にその擁護のために、整合性が対応を生みだすということを示すと称する論証に依存しているのである。（CTTK p. 137）

ここで言われている「対応説」とは、伝統的な哲学における真理理論の有力な一つとみなされてきたものである。つまり対応説とは、ある命題や信念が真となるのは、その命題や信念が指示している、あるいは表している当のもの（それは命題や信念とは別のもの）とその命題や信念が正しく対応している時、またその時に限る、という考え方である。逆に一般的にこの対応説と対立する考え方とされるのが「整合説」である。いわゆる整合説とは、ある命題や信念が真となるのは、それが他の命題や信念と整合性を保つ時、またその時に限るという考え方である。上記の引用文からすれば、デイヴィドソンは整合説の立場に立ちながらも、従来対立するとされている対応説をも含意するような論を展開することを意図していると思われる。

また対応説は、伝統的な懐疑論の問題も生み出しうるものである。つまり対応説では、ある命題や信念と、それを真にする命題や信念以外のもの、例えば事実や出来事や対象とを比較する必要がある。しかしながらそれらが正しく対応していると保証するものは何であろうか。それは正しく対応していると評価するある命題や信念であろう。そうならば今度はその命題や信念を真とするものは何か、という問題が引き起こされる。このような問題の連鎖を断ち切るために、伝統的には基礎付け主義の考え方が持ちだされてきた。つまりそのような連鎖の終着点となるような特別な命題や信念を見付け出すことである。具体的には、デカルトの「私は考える、故に私はある」であったり、感覚与件であったり。しかしながらこれまで本書で論じてきたように、このような基礎付け主義がはたしてうまくいくのかどうかは議論の余地がある。デイヴィドソンもこの論文で基礎付け主義には批判的な態度をとっている。

さて、この論文でデイヴィドソンが言う「整合説」とはどのようなものであろうか。デイヴィドソン自身は典型的な「整合説」と呼べるようなものはないとし、自分なりの「整合説」を叙述している。まずデイヴィドソンの整合説が関わっているのは、「信念(beliefs)、すなわちそれを理解する人によって真として保持されている文(sentences)」(CTTK p. 138)である。ここでのデイヴィドソンにとっての信念とは、「意図や欲求や感覚器官をそなえた人々の状態」(同上)であり、「それらを抱いている人々の身体の内部や外部の諸々の出来事によって引き起こされたり、あるいはそれらの出来事を引き起こしたりする状態」(同上)のことである。そしてこれらの信念の一部は偽でありうる。デイヴィドソンによれば、整合説が主張しうるのは、「信念の整合的な集合全体におけるほとんどの信念は真である」(同上)ということだけである。また彼によれば、「信念と真理の独立性のために必要とされるのは、私たちの信念の各々が偽であるかもしれないということだけである。しかしもちろん、整合説はそれらの信念のすべてが間違っていることがありうるということを容認できない」(CTTK p. 140)。

しかしながら、なぜ容認できないと言えるのか。ここでも上記の対応説のところで述べたような懐疑論の問題が生じうる。つまり、私たちが有しているすべての信念が整合的にかみ合っていて、かつそれらが全体として現実の世界に関して偽であることはありうることではないのか、という懐疑論的な疑問である。つまりデイヴィドソンのような整合説の立場に立つ場合でも、懐疑論に対して何らかの回答を与える義務が生じるのである。デイヴィドソンはこの点に関して次のように述べている。

> 整合説の党派は信念体系の外部に由来する保証を認めることはできない。しかしながら、信念体系の内部にあるものは、それが独立して信頼できる何かに最終的にあるいは直ちに基づいていることが示されうる場合を除いては、何も支持を生みだすことはない。(同上)

上記の引用箇所で言われているような、信念体系の内部にあって支持を与えるものに関しては、デイヴィドソンは、「ある信念を保持する理由としてみなされうるのは、他の信念を除いて他には何もない」(CTTK p. 141) と述べている。

この論文ではその後いわゆる基礎付け主義、特に信念を真とする基礎として感覚を持ち出すタイプのものについて論じられている。デイヴィドソンによればそのような試みは失敗に終わるのだが、その議論の最中、感覚と信念との関係について、それが論理的（logical）な関係ではない、と述べた後で彼は次のように言う。

その関係はいかなるものであるのか。私が思うに、その答えは明らかである。つまり、その関係は因果的（causal）である。感覚は何らかの信念を引き起こす原因であり、この意味において、それらの信念の基礎、あるいは根拠である。しかし信念についての因果的な説明は、信念がどのようにして、あるいはなぜ正当化されるのかを示すものではない。（CTTK p. 143）

ここでの、因果的ではあるけれどもそれを正当化するものではない、ということは何を意味しているのだろうか。簡潔に言えば、外部世界の出来事や対象といったものは、私たちが何らかの信念を有するようになることの原因とはなりうるが、それだけではその信念が真であることを正当化することにはならない、ということである。例えば、原因としてまったく物理的に同一の感覚的な刺激を受けても、その結果どのような信念を抱くかは、人によって異なることもある。よってデイヴィドソンによれば、外的世界の出来事や対象、とりわけ感覚的刺激といったものは、何らかの信念を生みだす原因であり、その意味で信念形成に重要な役割を果たすものである。しかしながらそのような感覚的な経験は、信念を真としたり偽としたりする正当化という点では不充分なものである。この点についてデイヴィドソンは次のように結論付けている。

したがって、意味や知識は証拠の究極的な源泉とみなされる何かに基礎を据えたものである、という考えを私たちは諦めるべきである、と私は提案する。おそらく意味と知識は経験に依存しており、そして経験は究極的には感覚に依存している。しかしこれは因果的な「依存」であって、証拠や正当化という「依存」ではない。(CTTK p. 146)

さて、デイヴィドソンは改めて整合説の立場から懐疑論に対してどのように答えるべきかを論じている。整合説の立場に立つ限りは、私たちが有している信念の総体を正当化する根拠として、その総体の外部にあるものを探し求めることはできない。デイヴィドソンは私たちの信念のほとんどが真であることに関して別の理由を探すことになる。デイヴィドソンが強調するのは次の二点である。

人の発言や信念や欲求や意図やその他の命題的態度についての正しい理解は、人が有している信念のほとんどは真でなければならないという結論を導くものであり、そしてそれら信念の任意のものは、それが残りの信念のほとんどと整合的であるならば、真であるという合理的な推定が存在する、と私は主張する。次いで私はこうも主張する。思考を有する人は誰でも、そしてとりわけ自分は周囲を取り巻くものの本性についてたいてい正しいと想定する理由を持っているかどうかといぶかる人は、信念とは何であるか、また一般的に信念はどのような仕方で見付け出され解釈されるのか、を知っていなければならない、と。(同上)

デイヴィドソンは、上記の二点は人間が他人（自身も含めて）とコミュニケーションする際に利用している事実であると指摘する。つまりデイヴィドソンが強調するのは上記のような事実を事実と認め、信念はその本性において真実を告げるものである、ということを正しく認識することである。

このようなデイヴィドソンの主張は、クワインの「根本的翻訳（radical translation）」[3]に基づいた、「根本的解釈（radical interpretation）」という考えから導き出されることである。デイヴィドソンによれば、根本的解釈が目論むのは、「話し手の言語に関する真理のタルスキ流の特徴付けを生みだし、そして話し手の信念に関する理論を生みだすことである」（CTTK p. 148）。ここで重要になるのは、クワインの「根本的翻訳」においても重要な役割を果たしている、いわゆる「好意の原理（principle of charity）」である。デイヴィドソンによれば、この原理が命じるのは次のことである。

どちらの場合でも［クワインの「根本的翻訳」でもデイヴィドソンの「根本的解釈」でも］、この原理が解釈者に命じるのは、話し手が真として保持している文のパターンの中に、真理についての解釈者自身の何らかの基準を読み込むように翻訳したり解釈したりせよ、ということである。（同上）

つまり具体的には、未知の言語を翻訳する時、あるいは自他の発話を解釈する際、翻訳者・解釈者は相手の信念のかなりの部分が自分の信念と一致するように翻訳・解釈するということである。そして相手の発話ができるだけ正しいものとなるように、真となるように翻訳・解釈しなければならないということである。

デイヴィドソンによれば、この原理のポイントは、話し手を理解可能にすることである。つまり好意の原理に則らずに相手の発話に対して何の推定も持たずに臨むならば、そもそもの翻訳・解釈が始まらない。とりあえず解釈者は相手の発話者がこういう状況で発話したのだから、このような信念を抱いているのではないかと推測して（この推測は解釈者自身の真理の基準に基づく）、翻訳・解釈を始めるしかない。そしてこの翻訳・解釈は解釈者自身の推測に基づくとはいえ、さらなる翻訳・解釈作業によって、つまり発話者の他の信念を同定していく作業によって訂正されうるものである。このようにしてデイヴィドソンの考えでは、「話し手が真として認めるものをできる限り真として解釈することは、相互理解を強めるし、よりよい解釈を促進するのである」（CTTK p. 149）。

上記のような議論からデイヴィドソンが強調することになるのは次のことである。

> 明らかにせねばならないことは、信念と意味がどのような仕方で関係しているか、そしてそれらがどのような仕方で解釈者によって理解されるか、ということに関して私が与えた説明が正しければ、話し手が真として保持している文――とりわけ話し手が最も頑強に保持し、彼の信念体系の最も中心にある文――は、そのほとんどが、少なくとも解釈者の観点からすれば、真である、

ということである。（CTTK pp. 149–50）

解釈者が好意の原理によって発話者の信念を解釈する際には、まず話し手の信念は解釈者の真理の基準に合致するように解釈されるし、そのようにして話し手の信念には基本的な論理的真理の知識が帰属させられることになる。もちろん論理的な整合性やその他の整合性にはさまざまな度合いがあり、完全な整合性は望めないが、しかし充分な程度の整合性を見出すことは方法論的に必要である、とされる（CTTK p. 150）。

またデイヴィドソンは、解釈者が話し手にとって真とみなされている文を解釈する際に解釈者の拠り所になるものとしての、それらの文が真とみなされるための外部世界の出来事や対象（the events and objects in the outside world）の役割も強調している。先に指摘したように信念を正当化するのは他の信念であるのだが、「因果関係は私たちが言うことや信じることの内容を決定することにおいて欠くことのできない役割を演じている」（同上）のである。上記のことを強調することが、感覚に関する懐疑論への防波堤となりうる、とデイヴィドソンは指摘する。好意の原理によって解釈する私たち解釈者が発話者の信念の原因であると解釈するものが、最終的には話し手の信念の原因であり、かつ解釈者の信念の原因である。デイヴィドソンは次のように言う。

コミュニケーションは原因が収束するところから始まる。つまりあなたの発言が私の発言が意味するものを意味するのは、その発話が真であるという信念が同一の出来事や対象によって体系的に引き起こされている時である。（CTTK p. 151）

注意しなければならないのは、この論文で何度も強調されてきたように、そのような因果関係は信念を形成するのに必須のものであるが、それだけでは信念を正当化することはできないという点である。つまりその信念の原因が収束するためには他の関連する信念との充分な整合性が必要となる。上記のような考察を経た上で、デイヴィドソンは次のように結論付ける。

あらゆる信念は次の意味で正当化されている。つまり信念は他の数多くの他の信念に支持されていて（そうでなければ信念は現にそうであるような信念ではありえない）、そして信念はそれが真であると認定する根拠を有しているのである。ある信念と整合的である信念体系の規模がより大きくなりより重要になればなるほど、その信念が真であると認定する根拠も強くなるのである。そして孤立している信念といったものは存在しないのであるから、それが真であると認定する根拠がないような信念は存在しないのである。（CTTK p. 153）

ここからもデイヴィドソンの真理と知識に関する整合説の立場は明確である。もちろんある人の有するあらゆる信念が正当化されているといっても、そのすべてが知識と呼べるほど充分に正当化されているわけではない。その信念体系の中で、充分に正当化されているものもあれば、不充分なものもある。しかしながら、デイヴィドソンの好意の原理に基づく根本的解釈とこのような真理と知識に関する整合説から、一般的にある人の有する信念は真であると認定する根拠が存在する、ということが言える。したがって懐疑論者が言うような、私たちのあらゆる信念が全体として偽であるということは不可能であり、その点で知識に対する懐疑論は退けられることになる（同上）。

このようにデイヴィドソンが考えるところの知識の整合説は、クワインのホーリズムや根本的翻訳（ひいては根本的解釈）を引き継ぎつつ、いかにして私たちの信念のほとんどが真でありうるかということを確証していく。そしてそのことが上記のように懐疑論者の主張に対して否を突き付けることとなろう。むろん懐疑主義者がこのような応答で充分に納得するかは議論の余地があるが、このようなデイヴィドソンの議論は本書第I部第3章で論じたようなウィトゲンシュタインやセラーズの見解と並んで、懐疑論に抗する有力な議論の一つとなりうるだろう。

3　デイヴィドソンの整合説についてのローティの解釈

本章では最後に、前節で取り上げて論じたデイヴィドソンの論文、「真理と知識の整合説」で展開される整合説的な立場からの哲学的懐疑論への応答について、さらに踏み込んだ考察を行っているローティの論文「プラグマティズム、デイヴィドソン、真理（Pragmatism, Davidson and truth）」（一九八六年[4]）を取り上げて論じる。ここでは特にローティが解釈するところのデイヴィドソンの整合説が、哲学的懐疑論という立場に対してどのような結論を導き出しうるかを確認し論じたい。

ローティ（Richard Rorty 一九三一―二〇〇七年）は現代アメリカを代表する哲学者の一人で、プラグマティズムの立場から近代以降の哲学の伝統に対して批判的な検討を行った。その研究成果は主著『哲学と自然の鏡（*Philosophy and the Mirror of Nature*）』（一九七九年）や論文集『プラグマティズムの帰結（*Consequences of Pragmatism: Essays, 1972–1980*）』（一九八二年）などに集約されている。[5] そしてそれらの文献においても、本節で取り上げる論文のテーマの一つとなる「真理」概念について詳細に論じられている。

さて本節で取り上げる「プラグマティズム、デイヴィドソン、真理」では、前節で論じたデイヴィドソンの論文「真理と知識の整合説」で主張されていた「整合性が対応を生みだす（coherence yields correspondence）」（CTTK p. 137）ということ、そして「突き合せなしの対応（correspondence without confrontation）」（同上）というスローガンが言及されている。その上でローティは、そのような主張・スローガンが、デイヴィドソンが論文「概念図式という観念そのものについて（On the Very Idea of a Conceptual Scheme）」（一九七四年[6]）で詳細に論じたように、「『図式と内容の二元論』、つまり『心』や『言語』のような何ものかが世界に対して『適合する』とか『組織化する』とかいった何らかの関係を持ちうるという考え、を拒絶することに調和する」(PDT p. 126) と指摘している。さらにローティは、そのようなデイヴィドソンの教説が「プラグマティズム、つまり二元論の正体を暴露することとそのような二元論によって生み出された伝統的な諸々の問題を解消することを専門としてきたある運動を想起させる」(同上) と述べている。そしてローティはこの論文でデイヴィドソンの立場がどのような仕方でプラグマティズムの伝統に属しているかを論証していこうとするのである。

本節ではそのようなローティの論証を確認し論じていきたいが、その前に議論の前提として、上記のような「図式と内容の二元論」に対してデイヴィドソンがどのような批判を加えているかを簡潔にまとめておく。デイヴィドソンは論文「概念図式という観念そのものについて」において、本章第1節で論じたようなクワインの「経験主義の二つのドグマ」を踏まえて、経験主義の第三のドグマについて論じている。ここでの第三のドグマとは、「図式と内容、つまり組織化する体系と組織化されることを待っている何かから成る二元論」(OVICS p. 189) のことである。そしてここでの「図式」すなわち「概念図式」とは、「感覚を組織化するやり方であり、感覚のデータに形式を与えるカテゴリーの体系であり、個人や文化や時代が眼前の移り行く光景を見渡す視点である」(OVICS p. 183)。デイヴィドソンはこのような「図式と内容の二元論」、特に相互に異なる「概念図式」が複数存在するという主張に多くの哲学者たちが囚われていると指摘し、この「概念図式」という観念を放棄すべきだと推奨している。

そのように放棄すべき理由としてデイヴィドソンはさまざまな論証を行っているが、特に注目すべきはやはりここでも本章前節で論じたような、「根源的解釈」に関わるものである。デイヴィドソンは「言語を持つことと概念図式を持つこととを結び付ける教説は受け入れてよいだろう」（OVICS p. 184）とした上で議論を行っていくが、デイヴィドソンによれば、「概念相対主義という観念に、そしてひいては概念図式という観念に堅固な意味を与えようとする試みは、翻訳の部分的な失敗に基づく場合でも、全体的失敗に基づく場合と同様、うまくいくわけではない」（OVICS p. 197）のである。つまりデイヴィドソンの「根本的解釈」の考えによれば、未知の言語に対する翻訳・解釈において私たちの信念とは非常に異なる内容のものが出てきたとしても、それはその言語の話者が私たちと非常に異なる概念図式を持っていることを意味するわけではなく、むしろ翻訳・解釈そのものに何かしら問題があることを示していることになる。したがってデイヴィドソンは、「他者が私たちのものとは根本的に異なる概念や信念を持っていると判断できる立場には私たちは立ちえない」（同上）と結論付け、「諸々の図式が異なるということを理解可能な形で言いえないのであれば、それらが同じ一つのものであるということも理解可能な形で言いえない」（OVICS p. 198）と述べ、「概念図式」の存在、ひいては「図式と内容の二元論」を否定的に捉えることになる。そしてこの論文の末尾においてデイヴィドソンは次のように述べている。

図式と実在の二元論というドグマを仮定すれば、私たちは概念の相対性と図式に相対的な真理とを手に入れることになる。そのドグマがなければ、この種の相対性もまったく消えてなくなる。もちろん文の真理は言語に相対的であり続けるが、しかしそのことはできる限り客観的である。図式と世界の二元論を捨て去っても、私たちは世界を捨て去るわけではない。なじみ深い諸々の対象との直接的な触れ合いを再確立するのであり、それらの対象のおどけた仕草が、私たちの文や意見を真にしたり偽にしたりするのである。（同上）

さてローティの論文に戻って、彼がデイヴィドソンの立場をどのように解釈していくかを見ていこう。ローティはまず、真理についての伝統的な問題の解消ということだけに存するであろうような「プラグマティズム」の語義を単離させ、ここでの「解消」とは、「真である」には説明的用法はなく（ローティの言葉を借りれば、「真である」という言葉は、〈真なる信念を有するものはなぜうまく事を運ぶのか〉といったようなことを説明するような事態を指す言葉ではない、ということ）、ただ次のような用法があるだけである、という主張から出発するであろうものである、と述べている（以上、PDT p. 127）。

（a）是認的用法（an endorsing use）［ローティの言葉を借りれば、「真である」という言葉は、当該の信念を是認するのに使われる、褒め言葉である。］

（b）警告的用法（a cautionary use）、これはつまり、「Sというあなたの信念は完全に正当化されるが、しかしおそらく真ではないだろう」といったような発言に見受けられるもの。正当化はSの根拠として持ち出される信念に対して相対的であり、かつそれ以上のものではないということ、そしてそのような正当化は、Sを「行動の規則」（パースによる信念の定義）として私たちが受け取るならば物事がうまくいくだろうということを保証するものではないということ、こういったことを私たちに思い出させるものである。

（c）引用符消去的用法（a disquotational use）：「『S』は……である時、かつその時に限り真である」という形式について、メタ言語的な事柄を述べるためのもの［ここでの〈S〉は対象言語の文の名前、〈……〉はSと同じ文、またはメタ言語でのその翻訳のこと］。（以上、PDT p. 128）

ローティは上記のことを指摘した上で、「デイヴィドソンが私たちに与えてくれる真理についての説明は、これらの用法のいずれも受け入れるとともに、信念の効用は真理によって説明されうるという考えを慎むものである」（同上）と述べている。

そして上記のことを踏まえた上でローティは、デイヴィドソンがプラグマティストであるとした場合、次のようなテーゼを支持するのが「プラグマティズム」であるとする。

（1）「真である」は説明的用法を持たない。

（2）私たちは信念と世界との間の因果的関係を理解した時に、信念と世界との関係について知るべきことのすべてを理解したことになる。「〜に関する」や「〜について真」といった言葉をどのような仕方で適用するか、ということに関する私たちの知識は、言語行動についての「自然主義的」説明から生じるものである。

（3）信念と世界との間にある「真ならしめられている」という関係はない。

（4）実在論と反実在論との間の論争は無駄である。というのもそのような論争は信念が「真ならしめられている」という空虚で誤解を招く考えを前提にしているからである。（同上）

このようなことを踏まえれば、「プラグマティズム」はこれまでの伝統的な哲学において探求されてきた「真理は何に存するか」という問いについて「説明」することを解消することになろう。ローティによれば、そのような問いについて説明する必要があると哲学者たちが考えていたのは、デイヴィドソンが「図式と内容の二元論」と呼んだ見方に囚われていたからだと指摘する。そしてそのような見方は認識論的懐疑論者たちが囚われていた見方でもある。そしてローティは上記のようなテーゼ（1）から（4）を受け入れることは、「この見方を消去し、それによって伝統的な哲学的二元論、つまりデューイが消去されるべきだと考えていた諸々の二元論のほとんどを消去してしまうことである」（PDT p. 129）と論じている。そしてそれはまた、「認識論的懐疑論者が自らの懐疑論を興味深く論証可能なものにするために必要とする見方を止めることになる」（同上）とも指摘している。このようなローティの見解が妥当ならば、デイヴィドソンの立場は哲学的懐疑論に対して正面から答えるというものではなく、哲学的懐疑論を解体するものであると言えよう。

さてローティは上記のことを指摘した上で、実際にデイヴィドソンが先述のテーゼ（1）〜（4）を受け入れるプラグマティストであるかどうかを論じていく。本節では特に上記のテーゼ（2）に関わるローティの議論を参照するが、そこでローティが注目するのが、デイヴィドソンが論文「真理と知識の整合説」でも論証の要としていた「根本的翻訳」あるいは「根本的解釈」であり、ローティはそれを「フィールド言語学者の言語哲学（the philosophy of language of the field linguist）」と呼んでいる。その内実は本章前節を参照されたいが、ローティは以下のように簡潔に要約している。

> 言語学者は原住民の信念に関する知識に先立って獲得されるような原住民の意味に関する知識を出発点とすることができないし、原住民の観察文に関する翻訳、それはそのような文と刺激とを釣り合わせることによって証明されるものであるが、そのような翻訳を出発点とすることもできない。彼は純粋な整合主義者として対象に近づき、落ち着いたと感じられるようになるまで、解釈学的循環（hermeneutic circle）を繰り返していかねばならないのである。（PDT p. 133）

つまり前節で論じたように、フィールド言語学者は原住民の言語行動がその周囲の環境や非言語的行動とどのように関わり合っているかを観察し、しかもその際にはいわゆる「好意の原理」に従って、自身の真理についての基準を読み込みながら、原住民の言語行動のほとんどが真であるとみなしながら、解釈学的循環を行っていくということである。

このようなデイヴィドソンの立場は、ローティによれば先述のテーゼ（2）に合致する。つまりこの立場でデイヴィドソンが提案しているのは、「私たちはまず整合性と真理を最大にし、それから指示が落ち着くべきところに落ち着くようにさせる」（PDT p. 134）、ということである。そしてこのことは「デイヴィドソンが『最も明白なケース』と呼ぶところの多くの信念の志向的対象がそれら信念の原因であるだろうことを保証する」（同上）のである。つまりデイヴィドソンの整合主義の立場からもそのような仕方で信念と世界との因果的関係が理解されることになるわけであり、ひいては原住民と同様に私たちも大抵の場合、真なる信念を持っているということになる。そしてそのような形で、懐疑論者が主張するところの「私たちのあらゆる信念は全体として偽である」ということは不可能であると、懐疑論者に対して応答することになる（以上の論証については、特に前節末尾あたりの議論を参照されたい）。

このような形でデイヴィドソンは懐疑論者に対して応答しているわけだが、ローティが指摘するところの「プラグマティスト」は、懐疑論者の疑問に答えるのではなく、そもそものような疑問自体を解体し拒絶する。この点でデイヴィドソンは、ローティが特徴付けたテーゼ（1）～（4）を受け入れる「プラグマティスト」に合致しないということになりはしないか。これに関してローティは、デイヴィドソンが「突き合せなしの対応」と言う時の「対応（correspondence）」がどのような意味であるかということを手掛かりに論じていく。まずローティによれば、「デイヴィドソンが考えている『対応』とは、事実との対応論者が信じているような、ある文とその文と何らかの同型性を持つ実在のかたまりとの間の関係ではない」（PDT p. 137）。またデイヴィドソンが主張しているのは、「語の意味と世界の在り方以外に真理に関わる第三のものはない、というテーゼのもっともらしさは」、『真理は実在との対応である』という考えが持っている直観的な力を私たちにとって最もよく説明してくれるものである」（PDT p. 138）、ということである。つまり「私たちは対応関係についてより詳細なものを問い求めるべきではなく、むしろ私たちの信念のほとんどが真であるかどうかについて懐疑論的な疑問を私たちに持たせるような第三のものはまったくないのだ、ということを悟るべきである」（同上）、とデイヴィドソンは言っているのである。

上記のようなことがデイヴィドソンの主張だとすると、ローティによれば、懐疑論者に対するデイヴィドソンの応答はおそらく次のようなものになる。

> あなたが懐疑論者であるのはただ、あなたが自分の頭の中にこれらの志向的諸観念［「確定的意味」、「意図された解釈」、「超越論的構想力の構成的作用」、「概念図式」など］を漂わせており、あなたと世界との間に想像上の障壁を挿入しているからである。一旦あなたがあらゆるさまざま

な形態の「観念」観念を自身から浄化するのならば、あなたの啓蒙された心に懐疑論がよぎることは決してないだろう。（同上）

ローティはこれが、ジェイムスやデューイらプラグマティストが懐疑論者たちに対して指そうとした指し手と同じであり、しかも正しい一手であると指摘している。ただしかし、デイヴィドソンは「整合性が対応を生みだす」と記したことで、少々誤解を招くことになったかもしれない、ともローティは指摘している（以上、同上）。こういった点を踏まえてローティは、デイヴィドソンは「懐疑主義者の問いに対して自分は答えようとしている、と言うのではなくて、むしろそのような問いを問うことを妨げるような話し方を懐疑論者に提供しようとしているのだ、と言った方がよかったのである」（同上）、と結論付けている。

ローティはこのような仕方で、デイヴィドソンの立場がプラグマティズムに属するものであり、その立場は懐疑論に正面から答えるものではなく、問いそのものを解体するようなものであると解釈している。このような解釈に対してデイヴィドソン自身は、論文「真理と知識の整合説」の「追記」（一九八七年）において、基本的には賛意を示している。懐疑論者たちが上記のようなデイヴィドソンやローティの提案に対して耳を傾けるかどうかについては、デイヴィドソンは疑念を抱いているが、デイヴィドソンは次の点でローティに同意すると述べている。

私は懐疑論者を「論駁」しようとしたのではなく、言語的コミュニケーションの基礎とそれが真理、信念、知識に対して有する含意とについての正しい説明だと私が思うものについて素描を与えようとしたのである。この説明の正しさを認めるならば、懐疑主義者に対して退席を求めることができよう。（CTTK p. 157）

つまりデイヴィドソンはあくまでも条件付きで懐疑論者に対して退席を求めることができると考えているわけだが、ローティは上記の（1）〜（4）のテーゼを受け入れる「プラグマティズム」ならば、そこにおいては懐疑論者の居場所は端からないということを強調していることになろう。ローティはそのような方向性で懐疑論を解体することを推奨しているのである。

註

（1）以下、「経験主義の二つのドグマ（「TDE」と略記）」からの引用は、この論文が収録されている次の文献による（頁数はこの文献のものであり、拙訳）。Willard Van Orman Quine, *From A Logical Point of View*, 2nd ed., revised (Cambridge: Harvard University Press, 1980), pp. 20–46. なお邦訳は次の文献に所収されている。クワイン『論理的観点から』（飯田隆訳、勁草書房、一九九二年）。またクワインの思想に関する日本語文献として、以下のものを推奨する。冨田恭彦『クワインと現代アメリカ哲学』（世界思想社、一九九四年）、丹治信春『クワイン―ホーリズムの哲学』（平凡社ライブラリー、二〇〇九年）、クリストファー・フックウェイ『クワイン―言語・経験・実在』（浜野研三訳、勁草書房、一九九八年）。

（2）以下、「真理と知識の整合説（「CTTK」と略記）」からの引用は、この論文が収録されている次の文献による（頁数はこの文献のものであり、拙訳）。Donald Davidson, *Subjective, Intersubjective, Objective* (Oxford: Clarendon Press, 2001), pp. 137–153. なお邦訳は次の文献に所収されている。ドナルド・デイヴィドソン『主観的、間主観的、客観的』（清塚邦彦・柏端達也・篠原成彦訳、春秋社、二〇〇七年）。またデイヴィドソンの思想に関する日本語文献として、以下のものを推奨する。冨田恭彦『アメリカ言語哲学の視点』（世界思想社、一九九六年）、サイモン・エヴニン『デイヴィドソン――行為と言語の哲学』（宮島昭二訳、勁草書房、一九九六年）。

（3）クワインの「根本的翻訳」については彼の『ことばと対象（*Word and Object*）』、特に第二章を参照されたい。W. V. O. Quine, *Word and Object* (Cambridge: The MIT Press, 1960). 邦訳：クワイン『ことばと対象』（大出晁・宮館恵訳、勁草書房、一九八四年）。

（4）以下、「プラグマティズム、デイヴィドソン、真理（「PDT」と略記）」からの引用は、この論文が収録されている次の文献による（頁数はこの文献のものであり、拙訳）。Richard Rorty, *Objectivity, Relativism, and Truth* (Cambridge: Cambridge University Press, 1991), pp. 126–150. なお邦訳は次の文献に所収されている。ローティ『連帯と自由の哲学』（冨田恭彦訳、岩波書店、一九八八年）。またローティの思想に関する日本語文献として、本章註（1）と（2）で挙げた冨田恭彦のものを推奨する。

（5）Richard Rorty, *Philosophy and the Mirror of Nature* (Princeton: Princeton University Press, 1979). 邦訳：リチャード・ローティ『哲学と自然の鏡』（野家啓一監訳、伊藤春樹他訳、産業図書、一九九三年）。Richard Rorty, *Consequences of Pragmatism: essays 1972–1980* (Brighton: Harvester, 1982). 邦訳：リチャード・ローティ『哲学の脱構築：プラグマティズムの帰結』（室井尚他訳、御茶の水書房、一九八五年）。

（6）以下、「概念図式という観念そのものについて（「OVICS」と略記）」からの引用は、この論文が収録されている次の文献による（頁数はこの文献のものであり、拙訳）。Donald Davidson, *Inquiries into Truth and Interpretation* (Oxford: Oxford University Press, 1984 (2001)), pp. 183–198. 邦訳は次の文献に所収。D・デイヴィドソン『真理と解釈』（野本和幸・植木哲也・金子洋之・高橋要訳、勁草書房、一九九一年）。

第3章　自然主義、信頼性主義、徳認識論

はじめに

認識論的な正当化という点では、伝統的にはいわゆる内在主義の立場が主流であった。しかしながら第Ⅱ部第1章で取り上げたゲティア問題が登場して以降、内在主義に代わる外在主義の立場、とりわけ信頼性主義と呼ばれる立場も有力なものとして勢力を拡大している。内在主義に関しては、これまで取り上げた中ではデカルトやチザムの思想にも見受けられるし（基礎付け主義的な内在主義）、セラーズの思想にもある種の内在主義が見受けられる（整合主義的な内在主義）。したがって本章では認識論的な外在主義、とりわけその有力な一形態とされる信頼性主義と、認識論の自然化を目論む自然主義について論じていく。

具体的にはまず第1節でクワインの自然主義を扱う。クワインは「認識論は自然化されるべきであ

る」という主張を行うが（論文「自然化された認識論」（一九六八年））、クワインは徹底した物理主義の立場から、「自然化された認識論」を、物理的な人間という認識主体をあくまで自然現象の一部として研究するもの、と位置付けている。この場合「自然化された認識論」は、私たちの感覚経験とそれから構成される科学理論との関係をこれまで得られた経験科学の成果を用いつつ解明しようとする。したがってクワインの自然主義の立場は、例えばデカルトのような基礎付け主義の立場、つまり第一哲学としての認識論があって、その上で自然学が成立するという立場とは、一線を画することになる。

次に第2節で信頼性主義を取り上げるが、この信頼性主義が強調するのは、信念に知識としてのあるいは正当化されたものとしての資格を与えるのは、信念を真と成す諸事実との信頼できるつながりである、ということである。しかもこの信頼できるつながりは、内在主義とは違って、認識主体にとってそれが何らかの形で認知的に接近可能でなければならない、という要件を必要としない。その意味で信頼性主義は外在主義の一形態であるが、本章ではこの立場の古典的な代表者の一人としてアームストロングの信頼性主義について論じる。ここでアームストロングは、世界についての認識主体の信念と世界そのものとの間にあるに違いないつながりを、適切に機能している温度計と温度計が示す温度との間にある関係として描くことになる。

さらに第3節でこの信頼性主義の流れを汲んだ、ソーサの「徳認識論」呼ばれる立場を取り上げる。これは西洋哲学の伝統における「徳」概念、とりわけ倫理学において用いられてきた「徳」概念（古代ギリシャのアリストテレスの徳倫理学において著名な）を踏まえたものである。その場合の「徳」とは、人がさまざまな形で（生まれながらに、あるいは経験・教育を通じて）身に着けている、「善きこと」を成す能力として捉えることができよう。ソーサの徳認識論もこのような「徳」概念をある意味踏襲したもので、以下で詳述するように、ある仕方で対象を認識する能力・適性が「徳」とみなされている。

1　クワインの自然主義

まず取り上げるのはクワインの自然主義であるが、これがはっきりとまとまった形で表れるのは、一九六八年に発表された論文「自然化された認識論（Epistemology Naturalized）」[1]においてである。本節ではこの論文について論じていこう。前章で先にクワインのホーリズムについて論じた際に確認したように、クワインは認識論におけるいわゆる基礎付け主義に対しては批判的であり、本節で取り上げる論文でもそのような知識に関する基礎付け主義を徹底して退ける立場をとる。しかしながらクワインは認識論そのものを退けるということはしない。クワインは論文タイトルにもあるように、認識論の自然化を目論むのである。クワインによれば、伝統的な基礎付け主義的認識論には意味に関わる概念的（conceptual）側面と真理に関わる学説的な（doctrinal）側面がある。簡潔に言えば、概念的側面とは認識論的に不明瞭な概念を別の概念を用いて定義することで明確にしていくということである。また学説的な側面とは、証明などによって真理に関わる知識を基礎付け正当化するということである（以上、EN pp. 69–70）。

クワインはこれらの二つの側面を指摘した上で、とりわけ自然的知識についての認識論を問題とする。例えばクワインはヒュームの試みについて言及している。クワインによればヒュームもこれら二つの側面から経験的知識について考察した。概念的な側面については、ヒュームのやり方は明快で、つまり彼は「物体を直ちに感覚印象と同定した」（EN p. 71）のである。それでは学説的な側面についてはどうであろうか。クワインによれば、ヒュームはこの点であきらめたのである。ヒュームは上記のように物体を直ちに感覚印象と同定したわけだが、そのことで直接の感覚印象を超えたもの、例えば一般的な法則や未来に関する言明などについては何も確実なことは言えなくなってしまう（本書第II部第1章第1節で論じたヒュームの因果性に関する懐疑を参照）。このような状況についてクワインは次のように述べている。

学説的な側面については、ヒュームが私たちを置き去りにしたところから今日の私たちがさらに前進しているとは私には思えない。ヒュームの苦境は人間の苦境なのである（The Humean predicament is the human predicament）。（EN p. 72）

学説的な側面に関してはこのような状況であるわけだが、他方概念的な側面もあきらめなければならないのだろうか。クワインは概念的な側面については進歩がみられたと述べ、ベンサム（Jeremy Bentham 一七四八—一八三二年）による文脈的定義（contextual definition）やラッセル（Bertrand Russell 一八七二—一九七〇年）やカルナップ（Rudolf Carnap 一八九一—一九七〇年）の数学基礎論における集合論的補助手段（set-theoretic auxiliaries）などを指摘している。しかしながら概念的な側面における進歩にもかかわらず、やはり学説的な側面についてはその進展は望めないとクワインは結論付けている。「自然についての諸々の真理に直接経験が有している完全な権威を賦与しようとすることは、数学についての諸々の真理に初等論理が有している潜在的な明晰さを賦与しようと望むこと同様、むなしい望みだった」(EN p. 74) のである（本書第Ⅱ部第2章第1節で論じたクワインのホーリズムを参照）。

このようにして、基礎付けの学説的側面は、つまり外部世界についての科学を感覚的証拠のみから厳密に導きだすということは、不可能なこととして認めざるをえないが、それでも次の二つの基本的な主張が経験主義には残っているとクワインは指摘する。

一つは、科学にとって存在する証拠はいかなるものであれ、感覚的な証拠（sensory evidence）である、という主張である。もう一つは、のちにその問題に戻るが、どんな言葉の意味を繰り返し教え込む時でも、最終的にはそのことは感覚的な証拠に依存する、という主張である。(EN p. 75)

では、そのような感覚的な証拠とそれに依存する私たちの知識体系との間の関係をどのような仕方で捉えていけばよいのだろうか。クワインが勧めるのは、心理学である。

感覚受容器に対する刺激が、世界についての描像にたどり着くことにおける、誰もが最終的に依拠しなければならない証拠のすべてである。ではなぜ、この描像の構成がどのように実際行われるのか見ようとしないのか。なぜ心理学に甘んじないのか。認識論的な責務を心理学にそのように引き渡すことは、最初の頃は循環論法として許されていなかった手である。もし認識論者の目標が経験科学の基盤を確実にすることだとすれば、そのように確実にするために心理学やその他の経験科学を利用することで彼は自身の目標を覆すことになる。しかしながら、循環に対するそのような気のとがめは、いったん私たちが科学を観察から演繹しようということを夢見ることをやめれば、たいして重要ではない。もし私たちが観察と科学との間のつながりを理解することだけに努めているのだとすれば、利用できる情報は何でも使用するのが分別のあることである。そしてその情報には、それと観察とのつながりを私たちが理解しようと努めているまさにその科学によって提供されるものも含まれている。(EN pp. 75–76)

少し長い引用になってしまったが、クワインの強調したい点は明確であろう。あくまで伝統的な認識論の立場に立つのなら、経験科学の一つである心理学は認識論によって基礎付けられるものである。

その逆は循環であって伝統的な認識論の立場に立つ者にとっては受け入れがたいものになろう。しかしながら「基礎付け」という夢をあきらめるならば、そのような循環は問題にならない。

クワインはこのようにして経験科学の基礎付けを行うものとしての認識論というものを放棄することを提案するのである。これは近世以降の哲学においてある意味中心的なものであった第一哲学としての認識論をあきらめることになろう。しかしながら、認識論そのものが消えてなくなるわけではない、とクワインは指摘する。経験科学の基礎付けとしての、第一哲学としての認識論はそれがうまくいかないことが明らかになったが、認識論は別の形で行われ続けるものとなる。クワインはその点について次のように述べている。

しかしこの点については、新しい道具立てと明確化された身分においてではあるけれども、認識論は依然として行われ続けている、と言うことがもっと有益だろうと私は思う。認識論、あるいはそれに似た何かは、心理学の一章、そしてそれゆえ自然科学の一章として、収まるべきところにぴったり収まっているのである。それは自然現象の、つまり物理的な人間主観を研究するものである。（EN p. 82）

ここでの心理学とは人間主観に外部から与えられたインプットと、そのインプットに応じて外部の世界やそこでの出来事について人間主観が語るアウトプットの関係を研究するものである。クワインはそのようなインプットとアウトプットの関係が、心理学的な研究を鼓舞するものであると述べ、さらにそのように鼓舞するものが、常に認識論を鼓舞してきた理由と同じであると指摘する。

つまり「どのような仕方で証拠は理論と関係しているのか、そして自然についての理論は利用可能な証拠をどのような方法で超えているのか、そういったことを見て取る」（EN p. 83）という理由である。したがって旧来の伝統的な認識論とクワインが提案する新しい認識論は、その研究の目標という意味では一致している。それらが異なるのは、新しい認識論は経験的心理学を自由に利用できるということである。旧来の認識論が「基礎付け」という形で自然科学を包摂しようとしていたのに対して、新しい道具立てでの認識論は心理学の一章として逆に自然科学に包摂されることになるのである。しかしそのような認識論は心理学や自然科学の全体そのものが自らの対象となっており、その意味で認識論は自然科学を包摂している。いわば新しい認識論と心理学や自然科学の全体は相互に包摂し合うという関係にあるわけである。旧来の認識論に執着する人々にとってはそのような包摂関係はまさしく悪循環に陥っているということになろう。しかしながらクワインとともに科学を感覚与件から演繹するという夢をあきらめれば、そのことは問題ではない。クワインはそのような立場を次のように記している。

私たちは科学を世界における制度あるいは過程として理解することをねらっているが、そのような理解がその対象である科学以上のものであることを私たちは意図しているわけではない。このような態度は実際のところ、ノイラートがウィーン学団時代に、自分の船に乗っている状態でその船を修理しなければならない船乗りの例え話を用いてすでに主張していたものである。（EN p. 84）

このようにしてクワインはホーリズムの考え方からの帰結として、認識論もさまざまな日常的な信念や自然科学的な信念から織り成されるひとまとまりの信念体系を背景にしてしか成り立たない、ということを論じているのである。

以上のようにクワインの議論が正しければ、自然科学とははっきりと境界を分かたれていた第一哲学としての認識論は、自然科学と融合することになるのである。クワインは次のように述べている。

というのも認識論はいつものように証拠を中心問題にし続けているのであり、そして意味はいつものように検証を中心問題にし続けているのである。そして証拠とは検証のことなのである。諸々の予断によりショックを与えそうなのは、私たちが観察文を超えたところで一旦獲得する意味というものは、一般には単一の文に対してはっきりとした適用ができなくなるということである。そしてまた認識論は言語学と合流するのと同様に、心理学とも合流するということである。（EN pp. 89–90）

上記のような形でクワインは哲学の伝統においては明確に区別されていた認識論と自然科学との境界線をいわば抹消することになる。そしてこの抹消によって伝統的な基礎付け主義をも批判することになろう。次章で確認するように哲学的懐疑論は基礎付け主義と密接な結び付きがあるが、この論文でのクワインの主張を受け入れるならば、このような認識論の自然化は、哲学的懐疑論をも放棄することにつながるかもしれない。そしてこのような自然主義と呼ばれる立場は、内在主義と対立する外在主義の立場に通じていくことになる。その点は次節のアームストロングの信頼性主義を論じていく中で明らかになるだろう。ただそもそもクワインが提唱するように認識論というものが完全に自然化できるかどうかという点については、次章冒頭で改めて少し触れたい。

2 アームストロングの信頼性主義

本節では外在主義のバージョンの一つである、信頼性主義（reliabilism）を取り上げる。第Ⅱ部第1章第2節で簡潔に定義付けたように、外在主義は正当化や知識が完全に内在的（認識主体にとって認知的に接近可能）であることを否定する立場である。信頼性主義はこの外在主義の一形態であるが、この立場が強調するのは、信念に知識としてのあるいは正当化されたものとしての資格を与えるのは、信念を真と成す諸事実との信頼できるつながりである、ということである。しかもこの信頼できるつながりは、内在主義とは違って、認識主体にとってそれが何らかの形で認知的に接近可能でなければならない、という要件を必要としない。その意味で信頼性主義は外在主義の一形態である。知識についての信頼性主義の立場をとる人は今では数多くいるが、本節ではその古典的な代表者の一人としてアームストロングの信頼性主義を取り上げよう。アームストロング（D. M. Armstrong 一九二六―二〇一四年）はオーストラリアの哲学者で、特に心の哲学におけるいわゆる機能主義・唯物論的な立場をとっていることで著名である。本節では彼の一九七三年に出版された著作『信念、真理、知識（*Belief, Truth and Knowledge*）』(2)の第一二章の内容を紹介し論じていく。

このアームストロングの『信念、真理、知識』では、タイトルどおり、心の哲学や知識論について論じられているが、本節で取り上げる第一二章「非推論的知識（1）」で彼の信頼性主義の立場が明確に表れている。ここでアームストロングは、世界についての認識主体の信念と世界そのものとの間にあるに違いない関係を、適切に機能している温度計（thermometer）と温度計が示す温度との間にある関係として描いている。この点について、引用を交えつつ確認し論じていこう。第一二章ではタイトルどおり、非推論的知識（non-inferential knowledge）についての理論が展開されている。知識の正当化における無限遡行に関しては、古典的な認識論においては、遡行が止むところとなる非推論的な知識がなければならない、ということが主張されていた。これは基礎付け主義の立場に典型的に見られる主張であり、さまざまな「自明な知識」が提唱されてきた。これまで本書で論じたものだと、デカルトの「私は考える、故に私は存在する」であったり、いわゆる「感覚与件」であったり、チザムの「直接的に明証的なもの」であったり。

しかしながら先に論じたように、そのような非推論的知識は、私たちが知っていると思っているさまざまなことの基礎について充分な説明を与えるものではなかった。アームストロングはそのような非推論的知識を切り捨てるのではなく、別の仕方で非推論的知識を評価しようとする。アームストロングは第一一章終り近くで次のように述べている。

> 非推論的知識についての「外在主義」的な説明に従えば、真なる非推論的信念を知識の一例と成すものは、信念状態（認識主体Aは命題Pを信じている）とその信念を真と成している状況との間にある何らかの自然的関係（some natural relation）である。それは信念を抱いている者と世界との間にある、ある種の関係の問題なのである。（BTK p. 157）

つまりアームストロングが試みるのは、内在主義的な基礎付け主義では知識として不充分とされたものに対して、外在主義的な立場から新たな評価をしてみたらどうなるか、ということである。さらに上記の引用箇所にあるように、信頼性主義においては「信念状態とその信念を真と成している状況との間にある何らかの自然的関係」が重要であるが、この点は前節で論じたクワインの「自然化された認識論」との親和性が高い。このことについても後述する。

いわゆる非推論的知識と呼べるものはさまざまであるが、アームストロングが特に注目するのは「知覚についてのよりありふれた判断 (*the simpler judgements of perception*)」の内に見出されるものである (BTK p. 163)。もちろんこのような知覚についての判断は誤りうるものであるし、それらが知識と呼べるに値しないこともある。知識と呼べるにしても推論的知識である可能性もある。言えることは、「非推論的知識の事例は知覚についてのよりありふれた判断の内にありがちなものである」(同上)、ということである。ここでアームストロングが想定している「知覚についてのよりありふれた判断」とはいかなるものか。具体例として挙げられているのは、「より暖かくなってきている」、「向こうに何か赤くて丸いものがある」、といったものである。このような判断が通常、非推論的知識と呼ばれている。このようなものを非推論的知識と呼ぶことについては異論も多いだろうし、これらは本書第I部第3章第2節で取り上げたセラーズによって批判された感覚与件に属するものかもしれない。つまりそれぞれを単独で取り出して「知識」と呼べるようなものではないかもしれない。特に内在主義の立場からすれば、そうであろう。ここでアームストロングはそのような非推論的知識についての「温度計」的な見方を提案する。

まずはアームストロングの議論の枠組みを確認していこう。命題Pは真であると想定する。そして認識主体AはPを信じている。しかしながら彼の信念はいかなる理由によっても支持されていない。

例えばそのような命題Pとして、それが「Aの周囲である音が聞こえる」というものであるとしよう。ここで、そのような信念を知識の一事例と成すのは何であろうか。アームストロングは次のように述べている。

> 私の提案は次のようなものである。つまりAがPを信じているという事態と、命題Pを真と成すところの事態との間に、法則のようなつながり（*law-like connection*）が存在しているに違いない、ということである。そうであるから、AがPを信じているのならば、事実まさにPに相違ないのである。（BTK p. 166）

つまりある信念が真であり知識と呼べるためには、その信念を信じているという状態と、その信念を真たらしめている事態との間にあるつながりが成立していれば、例え認識主体がその信念が真である理由に気付いていないとしても、つまりそのようなつながりに認知的に接近可能でなくても、「知っている」と言っていいのではないか、ということである。

アームストロングはこの提案を理解する助けとして、次のようなモデルを利用する。それはつまり、「非推論的知識と、温度計によって与えられる温度の示度とを比較する」（同上）というものである。このモデルを詳しく見ていこう。もちろんある場合には、温度計が示す温度と周囲の気温が一致しないこともあろう。つまり温度計が何らかの形で壊れている場合であるが、そのような温度計の示度は、非推論的な誤った信念に比較されよう。またある場合には、温度計が示す温度と実際の気温が一致することもある。そのような温度計の示度は、非推論的に真なる信念のようなものだろう。ただし後者の場合、いわばまぐれあたりで一致しているということもある。つまり例えば、壊れた時計でも一日に二回は正しい時を示すからである。こういう場合は非推論的に真なる信念に比較できるかもしれないが、非推論的な知識には比較できない。このようにまぐれあたりではなく、きちんと正常に機能している温度計の場合は、温度計の示度と周囲の気温に法則のようなつながりがあると言えよう。特にこの場合、熱というものに関する物理学的な法則性が両者の間に成立しているわけである。

アームストロングによれば、このような正常な温度計の示度というものは、非推論的な知識に比較される。正常に機能する温度計は、周囲の事態と法則のようなつながりがあるがゆえに、周囲の気温を測る信頼のおける道具となっている。非推論的な知識もそれと類比的なものと捉えることができる、とアームストロングは提案しているわけである。彼は次のように述べている。

> 諸々の理由によっては支持されていない真なる信念が、正常に機能する温度計の示度が実際の気温に対応するように、実在すると真に信じられている状況に対応しているのならば、私たちは非推論的知識を持っているのである。（同上）

アームストロングはこのような図式を直観的に明瞭であると述べているが、さまざまな問題もあるだろう。まずここでいう法則とはいかなるものであろうか。温度計の場合は物理的な自然法則であるが、非推論的な知識を成立させる、ある信念とその信念を真と成す事態との間に成り立つ法則はどれほど厳密なものだろうか。アームストロングはどのような状況においても精確に成立するような厳密な法則を想定しているわけではない。特殊な環境においては、正常な温度計でさえも信頼できない場合があるからである。また、同じ環境においてもすべての人が同じ信念を有することになるとは限らない。アームストロングは非推論的な知識についてはとりあえず次のように定式化している。

認識主体AのPであるという非推論的信念が非推論的知識であるのは次の場合、そしてその場合のみである。

(i) Pは事実である。
(ii) 認識主体Aについての次のようなある特定化がある。それはつまり、ある人が特定化されて、さらにその人がPであると信じている時、Pがまさに事実である。(BTK p. 168)

そして法則のようなつながりという点については、アームストロングは次のような三点を強調している。まず一つ目に、法則のようなつながりは原理的には科学的方法によって、つまり観察と特に実験によって探求されうるたぐいのつながりである、ということである。温度計の場合は、そのようなつながりを調べるのはそれほど難しくはないだろうが、信念の場合は実際のところ困難である（心理学的・脳科学的な研究が必要となる）。しかしながら、原理的にはそのような二つのケースに違いはないとアームストロングは述べている（以上、同上）。この点は認識論と自然科学が互いに包摂関係にあるとした、クワインの自然主義に通ずるところである。つまりクワインの「自然化された認識論」を具体化したものの一つとして、アームストロングの信頼性主義を捉えることができる。そして二つ目に、そのようなつながりの存在を告げる法則のような一般化は、反事実的条件文、より一般的には仮定法的条件文を生む、ということである。つまりもし周囲の気温がT度でないとすれば、温度計の示度もT度を示さないだろうし、Pが事実でなければ、AがPであると信じるということも事実でないだろう（BTK p. 169）。そして三つ目に、信念と事態との間のつながりは、その存在を告げるかもしれない私たちとは独立に成り立つようなつながりである、ということである。それはつまり存在論的なつながり（ontological connection）であって、因果的なつながり（*causal* connection）ではない、ということである。逆にPをAがPであると信じるという事態は、Pを真と成す事態を成立させるというわけではない。Pを真と成す事態が、AがPであると信じるという事態を成立させることはしばしばある（同上）。

上記のようなものにあてはまる法則のようなつながりが成立していれば、非推論的な信念を知識として認めようというのがアームストロングの主張となる。どのような信念形成を経ていれば信頼できるものと言えるかなど、さまざまな問題が残されているが、このように知識というものを捉え直すことは、現代の知識論・認識論において大きな影響を与えた。本書第Ⅱ部第1章第2節で取り上げた古典的な知識論によれば、知識であるための条件としては、（i）信念条件、（ii）真理条件、（iii）正当化条件というものがあった。内在主義と外在主義（本節で論じた信頼性主義も含む）が対立するのは条件（iii）をめぐってである。つまり認識論において伝統的な立場である内在主義は、ある信念が知識として正当化されるためには、その要件となるすべての要素が認識主体にとって認知的に接近可能でなければならない、としていた。これに対して外在主義は、ここで確認してきたアームストロングの信頼性主義のように、信念を真たらしめる（つまり知識たらしめる）法則のようなつながりに必ずしも認知的に接近可能である必要はない、という立場をとっている。このような外在主義の立場に立てば、内在主義的な基礎付け主義において知識の正当化ということで従来問題になっていた遡行問題は、あっさりと解消されてしまうことになろう。

そしてこの「法則のようなつながり」は上記のように最終的には自然科学的探究によって解き明かされることが目指されている。つまりこれはクワインが主張するところの「自然化された認識論」の枠組みに納まるものとなろう。「法則のようなつながり」が明らかになってしまえばアグリッパのトリレンマも解消されることになろうし、それとともに哲学的懐疑論も無効となる。ただしかし、哲学的懐疑論は自然科学が対象とするような外的世界の存在そのものを疑うものでもある。したがってこのような外在主義そのものに対して哲学的懐疑論は逆に無効宣言をするかもしれず、外在主義的なアプローチだけでは哲学的懐疑論に対して充分に抗することはできないかもしれない。

3 ソーサの徳認識論

前節まででクワインの自然主義とアームストロングの信頼性主義について論じてきた。本節では、信頼性主義の流れを汲んだ、徳認識論と呼ばれる立場を紹介する。ところでここでの「徳（virtue）」とは何を意味するのか。西洋哲学の伝統において、とりわけ倫理学においてこの「徳」という概念は用いられてきた。遡れば古代ギリシャのアリストテレスの徳倫理学が有名であろう。「徳」に相当する古代ギリシャ語はアレテー（ἀρετή）であるが、その意味合いは、人がそれをもっていることによって、その人自身として善い人になれるもの、のことであり、具体的には、正義、勇気、節制、といったものである。アリストテレスによれば、「精神的な卓越性（善さ）」すなわち「徳」に即した活動こそが、人間本来の善さと善き生活を実現する。つまり人は「徳」と呼ばれるものを発揮することで、人として「善きこと」を行うことができるわけであり、言い換えれば人がさまざまな形で（生まれながらに、あるいは経験・教育を通じて）身に着けている、「善きこと」を成す能力を「徳」として捉えることができよう。ソーサの徳認識論もこのような「徳」概念を踏まえたもので、後述するように、ある仕方で対象を認識する能力・適性が「徳」とみなされている。このことを念頭に置きながら、以下でソーサ（Ernest Sosa 一九四〇年―）の徳認識論について論じていこう。

本節で扱うソーサの著作『徳認識論（*A Virtue Epistemology*）』[3]は、もともと二〇〇五年の五月と六月にオックスフォードで行われた「ロック講義（Locke Lecture）」六回分をまとめたものである。ここではその第二講義「徳認識論」の内容を紹介し論じていく。ちなみに第一講義では、デカルトの夢による懐疑論的論証やそれと同系列の懐疑論的論証（「培養槽の中の脳」論証[4]）について論じられている。第二講義の冒頭で、ソーサは自身の徳認識論を論じていくにあたって、その理解を助けるためのアナロジーとして、弓の射手（archer）の例を取り上げている。つまり弓の射手が的に向かって矢を射る際、その射撃は以下の三点で評価される。①放った矢がきちんと的を射たかどうか、つまり射撃の精確さ（accuracy）。②その射撃が巧妙（adroit）かどうか、つまりその射撃が射手の技術（skill）をはっきり示しているかどうか（adroitness）。③その射撃が適切（apt）かどうか、つまりその射撃の成功が場の状況に左右されず、完全に弓の射手に帰せられる（creditable）ものなのか（aptness）。

ソーサはこのようにして、「弓の射手の射撃は、そのようにして精確さ（accuracy）、巧妙さ（adroitness）、適切さ（aptness）というトリプルA構造を有しうる行為（performance）である」（以上、VE p. 22）と特徴付ける。そしてソーサはこのような構造は「行為」一般について見受けられるものだとする。つまり、「ある目的を伴う行為はどんな場合であれ、次の三つの達成度について査定を受ける。その三つの達成度とは、目的に到達しているという精確さ、技術や能力（competence）をはっきり示しているという巧妙さ、そしてはっきり示された巧妙さを通して目的に到達しているという適切さ、である」（VE p. 23）。

さて認識論ということで問題となるのは、認識主体の「信念（belief）」であるわけだが、ソーサによればこの「信念」も上記のような「行為」に数え入れられるし、「行為」一般がそうであるように、「信念」もトリプルA構造を持つ。ソーサはここでさらに、知識について二つの種類を導入する。それは「動物的」知識（“animal” knowledge）と「反省的知識」（“reflective” knowledge）であるのだが、まず「動物的知識は本質的に適切な信念（apt belief）であり、より要求の厳しい反省的知識とは区別される」ものである（VE p. 24）。加えてソーサは知識について次のように述べている（同上）。（a）知識は信念を含意する、ということが確言される。（b）「動物的」知識は、弁護的に（*defensively*）適切な信念を必要とすることはない（*without*）が適切な信念を必要とするものとして解される。ここでの弁護的に適切な信念とは、認識主体が適切であると適切に信じる適切な信念であり、その適切さを認識主体が関連する懐疑論的の疑いに対して弁護することが可能な適切な信念である。（c）「反省的」知識は、適切な信念だけでなく、弁護的に適切な信念もまた必要とするものとして解される。このような「動物的」知識と「反省的」知識の特徴付けと区別が、ソーサの言うところの「徳認識論」の核となるアイデアの一つである。

ソーサは徳認識論のもう一つの核となるアイデアとして、信念の安全さ（*safety*）も挙げている。ここでの安全さとは何であろうか。まず「ある行為が安全であるのは、それが仮に失敗することが容易ではないとしたら、それがその目的を達成しないということは容易にはありえないだろう、という時、その時に限る」（VE p. 25）、ということである。つまり「信念」ということに関して言うのならば、「pであるという信念が（おそらく）事実pである時のみ保持されるのであるのならば、そのpであるという信念は安全である」（同上）ということである。これに対して、「pであるという誰かの信念が感受的（*sensitive*）であるのは、事実が仮にpでないとしたら、その人はpであるとは（おそらく）信じないだろう、という時、その時に限る」（同上）、ともソーサは述べている。

ソーサはこのように信念についての「安全さ」と「感受的」を定義した後、「感受的」であることなしに「安全」である信念がありうることを指摘している。つまり根本的懐疑論のシナリオがその例を提供しているのである。例えば、ある人の次のような信念、つまり自分は、騙すための感覚的な諸々の証拠によって培養槽の中の脳ではないと信じるように欺かれている、培養槽の中の脳ではない、という信念を取り挙げてみると、この信念は感受的であることなしに安全である。というのも上記の例では、仮にその人が培養槽の中の脳である（「培養槽の中の脳ではない」ということはない）としても、欺かれて「培養槽の中の脳ではない」と信じてしまうことになるので、その点で「感受的」ではない。しかしながら事実培養槽の中の脳ではない時のみ、自分は培養槽の中の脳ではないという信念は保持されるので、その点で「安全」である（以上、同上）。

さてこのような「安全さ」と「感受的」の区別を導入した後、ソーサは「知識」について次のように述べている。つまり、「知識が要求することは、完全な安全さではなくて、せいぜい基礎に相対的な（basis-relative）安全さである」（VE p. 26）。つまりは、「ある人の信念について、もしそれが知識を構成するはずだろう際に要求されることは、せいぜいそれが以下のような何らかの基礎を持っている、ということである。ここでの基礎とは、その信念が真でない限りは持つことが容易ではないだろうような基礎であり、その信念が真である時のみ（おそらく）持つであろうような基礎、のことである」（同上）。したがって、pであるという信念が基礎に相対的に安全であるのは、その信念が真である時のみその信念が（おそらく）持つであろう基礎をその信念が持っている時、その時に限る。それに対してpであるという信念が基礎に相対的に感受的であるのは、その信念が次のような基礎に基づいている時、その時のみに限る。ここでの基礎とは、仮にpであることが偽であるならば、その同じ基礎に基づいてはpであると信じることが容易ではないような、そのような基礎である（以上、同上）。

さて、懐疑主義者たちは結局、認識論的に非常に重要な信念であっても、上記のような基礎を持っていない（したがって知識というものはありえない）と主張するわけだが、ソーサは徳認識論の立場から、懐疑論に対する弁護を行おうとする。そのプロセスは彼によると以下のようなものとなる（以下、VE pp. 27–28）。（a）懐疑主義者たちのあからさまな感受性への要求、並びに基礎に相対的な感受性への要求さえも拒否する。（b）そのような感受性要求に対する、それに応じる安全性要求によって享受される直観的な優位性（intuitive advantage）を指摘する。（c）感受性要求のもっともらしさはそれに応じる安全性要求（これらはさまざまな理由により混同されている）に由来していることを想定する。（d）結論としては、懐疑主義者は常識を論駁しないし、常識の内に逆説があることを同定もしない。なぜなら私たちは常識的にせいぜい基礎に相対的な安全性にコミットしているのであって、基礎に相対的な感受性にではないから。例えば、先述のような「私たちは根本的に欺かれてはいない——培養槽の中の脳シナリオや悪霊シナリオにおいてのような——」という私たちの信念は、基礎に相対的に感受的ではないけれど、基礎に相対的に安全である。

このような形でソーサは懐疑論に抗しているが、議論としてはまだまだ不充分な点があり、そこでソーサは夢に基づく懐疑主義的な議論について詳しく論じていくことになる。その際にまず冒頭で述べた「弓の射手」の例を取り上げている。ここで注目されるのは、「射手の射撃が安全であることに失敗しているかもしれない少なくとも二つの興味深い仕方がある」、という点である。失敗している場合にその射撃から安全さを剥奪するのに充分な脆さとなっているのは次の二つの項目であろう。それはつまり、（a）能力に関する射手のレベル、（b）状況についての適正さ、である。しかしながら、その適切さが上記の点で脆いものだとしても、その射撃は射手に適切であり射手に帰せられるものである。つまり「適切である射撃に要求されることは、その射撃が巧妙であるがゆえに正確であることであり、能力があるがゆえに成功している、ということである」（VE p. 29）。仮に減力された能力や悪化された状況を通してその射撃があまりに容易に失敗してしまったとしても、そのことはその射撃が安全ではないことにはなるが、適切でないということではない。上の事例はある行為が安全ではないけれど適切である、ということの例であるが、ある行為が適切ではないけれど安全ではある、ということもあるかもしれない。結論としては、適切さが安全さを含意するというわけはないし、安全さが適切さを含意するというわけではない、ということである。

上記の点を確認した上で、ソーサは夢についての懐疑論的問題に本格的に取り掛かっていくことになる。つまり、ある人が眠っている、あるいは夢を見ているという可能性は、私たちの通常の知覚的信念を危うくするかもしれない、という問題である。通常の知覚的信念は、眠っていたり夢を見ていたりしているという可能性にもかかわらず、適切な信念としての、つまり動物的知識としての地位を保持しているかもしれない。そして通常の知覚的信念は依然として、能力や要求される状況の脆さにかかわらず、知覚的能力の行使を通して、成功を遂げるかもしれない（以上、VE p. 30）。そして例え安全ではないという状態であったとしても、「適切な状況において能力を通してある行為が成功するのならば、その行為は適切な行為であり、その行為者に帰せられる行為である」（VE p. 31）。そしてソーサはとりあえず次のように結論付ける。

知識とはまさに、そのような行為者に帰せられる適切な行為の特別なケースである。知覚的知識は知識所有者の能力においてもその能力の行使のための適正な状況においてもどんな脆さにも影響されないものである。知識所有者の信念は、夢の可能性という近接性を通して例え安全ではないとしても、そのように適切であり続けうるのである。(同上)

夢の議論に関しては上記のように論じられるかもしれないが、別の問題も存在する。例えば、うわべは通常の条件下で赤く見えるある表面を見ているとしよう。しかし実は万華鏡的な表面で色が操作されている。つまり白色光での赤い表面ではなくて、赤色光での白い表面なのである。この場合、ちゃんと表面の色を「知っている」と言えるのか。表面は赤いという信念は、確かに適切な信念であり、というのも表面の明かりや距離やサイズについては通常である条件下での自分の色覚能力を行使しているからである。でもそのような場合でも、万華鏡的な表面については騙されている可能性はあるので、やはり「知っている」とは言えないのではないだろうか。

このような問題に対処するために、ソーサはまず再び二つの種類の知識、つまり動物的知識と反省的知識の区別を持ち出す。この区別の鍵となる構成要素は、無条件的に(*simpliciter*)適切な信念(つまり動物的知識)と適切に言及された(aptly noted)適切な信念(つまり反省的知識)との違いである(VE p. 32)。ソーサはそれらについて次のように図示する。

Kが動物的知識を表わし、K＋が反省的知識を表わすとすると、基本的なアイデアは次のようにあらわされるだろう。つまりK＋p ⇕ KKpとなる。（同上）

このような区別を考えると、先ほどの万華鏡的な表面の場合、知覚者は、動物的知識は有しているが、反省的知識は欠いている、ということになろう。例えば次のような場合はどうなるのか。通常の場合において自分の色覚を信用している時に、光を通常であると見なす際に行使する能力とは何であろうか。それは一種の省略された表に出ない能力（default competence）であるように思える。その能力によって、逆への特別な指示なしに、自動的にその光が通常であると見なすわけである。知覚者が適切に信じている信念が真なる信念であって、その信念が能力の行使に負っているのだから、その信念がそれ自身適切な信念でないとどのようにして想定できるだろうか（いやできない）。つまり要求されることはむしろ、適正な条件下において能力の行使を通して正しく（真理を伴って）信じている、ということなのである（以上、VE p. 33）。

ここでソーサは議論を先に進めるにあたって、次のような前提を導入する。

C：pという正しい信念にとって、その信念の正しさは、以下の場合にのみ、能力に帰属する。つまり能力の行使にとって適正な状況下でその能力が行使されたことにその信念が由来する場合、そしてそのような条件下でのその能力の行使があまりにも容易には間違った信念を生み出すこと

はないだろうという場合、である。(同上)

このような前提のもと、見られた表面は赤いと自分は適切に信じている、という万華鏡的知覚者の信念を考えてみよう。知覚者は実際は欺かれていて、能力の行使は失敗している。したがって上記の前提Cによれば、表面は赤いと自分は適切に信じているという万華鏡的知覚者の信念の真理は彼の関連する能力に帰属している、ということは否定される。また見ることにおける他の関連する能力もないので、表面は赤いと自分は適切に信じていると知覚者は適切に信じている、ということも否定される(以上、同上)。そういうわけで知覚者は表面の色に関する反省的知識を欠いているのである(VE p. 34)。

そうなると改めて、夢の問題については何を言えるだろうか。おそらく動物的知識の事例として知覚的信念を弁護できるけれども、反省的知識というより高次のものについて言い立てることは止めなければならない(以上、同上)。しかしながらソーサはそう結論付けることは早計だとし、再考を提案する。そもそも夢の可能性によって危険に晒されるのは、私たちの知覚的能力、あるいはその行使のための適正な条件が揃うかどうか、という点のみである。しかしながら、「このことは、適正に通常な条件下での知覚的能力の行使によって生み出された信念の適切さを危険に晒すわけではないし、動物的知識にとって要求されるのは適切さのみであって、安全さではない」(同上)。とはいうものの、先に見た万華鏡事例は、上記のような応答を疑いに晒すのではないか。しかしここでも助け舟となるのは、動物的知識と反省的知識の区別、つまり、無条件的に適切な信念と適切に言及された適切な信念との違いである。つまりこの区別は万華鏡的知覚者の信念を動物的知識の事例として弁護するのを助けてくれる（以上、VE pp. 34–35）。

だからもし万華鏡事例の推論を夢問題に適用するならば、帰結としては、知覚的知識は一般的に反省的レベルを欠くものとなる、ということになろう。そうだとすれば確かに懐疑論者の勝ちである。私たち自身が目覚めていると前提する際の能力を通しては、物事を正しく捉えることにはならない。というのも自身が目覚めていると想定された能力は、適正な状況において、自身をあまりにも容易に迷わすかもしれないからである。夢議論においては、夢の中でも私たちはまさに目覚めているという意識を持ちうる。この意識があって目覚めているということの根拠が何であるかも問題となる。夢であることと目覚めていることとの区別を示すものとして、例えばオースティン（John Austin 一九一一―六〇年）は目覚めているという体験の鮮明さや豊かさ（vividness and richness）を指摘しているし、デカルトは目覚めているという体験の整合性を指摘している。こういったものを夢と覚醒を区別する積極的な根拠として用いてもよいのではないか（以上、VE p. 38–39）。しかしながら、私たちの知覚的信念の安全さへの夢が内含するどの脅威も、その信念の適切さへの脅威ではない。というのも、それらの脅威は知覚的信念を形作る私たちの通常の能力のみを危険に晒すだろうからである。（VE p. 40）

この第二講義で提案された徳認識論は行為一般の、そして特に信念の適切さと安全さとを区別している。このことが夢問題へのさらなる解決策を可能にしている。つまり夢は知覚的信念の安全さを排除するが、適切さは排除しない。信念のその適切さは動物的知識を構成するために必須のものとなるものである（同上）。懐疑論者たちは常識的信念の核心にパラドックスを見出す。つまりまず彼らが主張するのは、何かを知るということに要求されるのは、それを感受的に信じているということであるというもので、つまりそれが誤りであるならばそれを信じてはいないだろう、ということである（同上）。この懐疑論者たちの主張に応答する第一段階は、そのような感受性要求を安全さ要求に取り換えるということである。つまりある信念は、その信念がまさに正しい時のみそれが有するであろう基礎を持つということによって、その安全さ要求を満たすことになる（VE p. 41）。このことによって信念は感受的であることなしに安全となりうる。しかし感受性要求よりは充分であるのだが、安全性要求でも依然として不充分である。というのも夢が人生における充分にありふれた事実だとすれば、依然として懐疑論的パラドックスに直面しうるからである。夢による特別な脅威とは、夢が私たちの通常の知覚的信念を安全でなくさせているように思える点である（同上）。

このような懐疑主義的議論に対抗する手段として、ソーサがこの第二講義で提案したことは、信念が知識となるために信念は安全でなければならないという要求を乗り越えて、安全さよりもむしろ適切さの要求へと至る、という移行である（同上）。自身の当を得た技術や能力、そしてその行使のための自身の関連する状況、その両者は自身の行為を安全でなくさせるのに充分に脆いものでありうる。しかしそれは相変わらず適切な行為であり続けるし、達成されたものとして自身に帰せられるものであるのだが（同上）。このようにして改めてソーサは「知識」に関して次のように述べている。

知識とは単純に信念という仕方でのそのような適切な行為なのである。したがって知識は自制した信念の安全さを要求するのではない。というのも信念とは信念所有者の能力や状況の脆さに応じて安全でなくなりうるからである。（同上）

結論としては、「動物的知識は適切な信念として見られた最善のものであり、これは懐疑論的パラドックスの解決を可能にするものである。ここでの解決としては、信念は適切であることなしに真であり正当化されうるが、知識を構成するためには単に真であり正当化されるだけでなく、適切でなければならない」（VE p. 42）、ということだろう。とはいうものの、この解決は部分的なものであり、なぜなら動物的知識にしか対処していないからである。しかしながらソーサによれば、このような議論の流れは動物的知識の反省的で適切な是認に必要となるたぐいの知識についても拡張しうるものである(5)。このようにソーサは従来懐疑論者が主張してきた「知識」に要求される条件を過度なものであると批判し、それに代わる「知識」の条件を上記のような形で探っているということになろう。

註

（1）以下、「自然化された認識論（「EN」と略記）」からの引用は、この論文が収録されている次の文献による（頁数はこの文献のものであり、拙訳）。Willard Van Orman Quine, *Ontological Relativity and other essays* (New York: Columbia University Press, 1969), pp. 69–90. 邦訳としては次のものがある。クワイン「自然化された認識論」（伊藤春樹訳、『現代思想』一九八八年七月号、四八—六三頁）。

（2）以下、アームストロングの著作からの引用は次の文献による（「BTK」と略記し、頁数はこの文献からのものであり、拙訳）。D. M. Armstrong, *Belief, Truth and Knowledge* (Cambridge University Press, 1973). 日本語で読めるアームストロングの著作としては次のものがある。D・M・アームストロング『現代普遍論争入門』（秋葉剛史訳、春秋社、二〇一三年）。D・M・アームストロング『心の唯物論』（鈴木登訳、勁草書房、一九九六年）。D・M・アームストロング、N・マルカム『意識と因果性——心の本性をめぐる論争』（黒崎宏訳、産業図書、一九八六年）。

（3）以下、アーネスト・ソーサの著作からの引用は次の文献による（「VE」と略記し、頁数はこの文献からのものであり、拙訳）。Ernest Sosa, *A Virtue Epistemology: Apt Belief and Reflective Knowledge*, Volume I (Oxford: Oxford University Press, 2007). 日本語で読めるソーサの書物としては次のものがある。ローレンス・バンジョー、アーネスト・ソウザ『認識的正当化——内在主義対外在主義』（上枝美典訳、産業図書、二〇〇六年）。

（4）この思考実験については次の文献を参照されたい。Hilary Putnam, *Reason, Truth and History* (Cambridge: Cambridge University Press, 1981), esp. ch. 1 [邦訳：ヒラリー・パトナム『理性・真理・歴史』（野本和幸他訳、法政大学出版会、一九九四年）、第一章].

（5）紙幅の関係上、本書ではこの点について論じないが、関心のある方は次の文献を参照されたい。Ernest Sosa, *Reflective Knowledge: Apt Belief and Reflective Knowledge*, Volume II (Oxford: Oxford University Press, 2009).

第4章　マイケル・ウィリアムズの文脈主義

はじめに

本書でこれまで論じてきたように、知識の正当化の遡行問題や、そもそもの正当化のプロセス自体に疑いをかけていく懐疑論への対処法としては、いくつかの立場がある。例えば本書第I部第3章第2節で論じたセラーズは、論文「経験主義と心の哲学」で、適切な仕方で知識を有すると言われるためには、報告者は問題となっている知識の推論による正当化を提供できねばならないことを強調していた。つまりセラーズは認識論上の内在主義の一形態を承認している。セラーズによれば、知識を有するためには、私たちは常に必要となるならば自らが主張することを正当化することができなくてはならない。つまり主張をする（知識を有している）と見なされるためには、報告者は理由の論理空間の内に、正当化したり正当化したりすることが可能であるような論理空間の内にいなければならない。

このセラーズの見解は、「理由や正当化の論理空間」ということを強調することによって、知識についての認識論的な正当化はそのように信じるべき理由を与えることである、ということを確認している。ここでの「べき」には知識の正当化が有する規範的（normative）な性格も現れている。つまり知識とは単なる事実的状態ではなく、独特の規範的状態なのである。

このようなセラーズの立場に対して、外的な要因のみが知識を得るための充分な条件を与えると主張するラディカルな外在主義は、前章第1節で論じたように、クワインが提唱したところの「認識論は自然化されるべきである」という主張にうまく調和するだろう。この場合の「自然的（natural）」とは、「非―自然科学的」な「超自然的（supernatural）」の対立概念であり、他方「慣習的あるいは規範的（conventional or normative）」の対立概念としてのものである。前者の対立概念に関しては、クワインは徹底した物理主義の立場から、「自然化された認識論」を、物理的な人間という認識主体をあくまで自然現象の一部として研究するものと位置付けている。他方後者の対立概念、すなわち「自然的」に対立する「規範的」なもの、つまり知識の正当化ということが有する認識の規範性は、それまでの伝統的な認識論においては重要視されていた点である。しかしながら人間における認識というものが有しているこの規範性という性格は、「自然化された認識論」においては軽視されることになってしまう。つまり認識論は自然科学の一部として捉えられることになるのであるから、価値判断を伴う規範的な要素はそこからは除外されてしまうことになる。ただしクワイン自身は後になって、「自然化された認識論」の枠組みの中でこの認識における規範的なものをどのように位置付けるべきかを論じている。(1)また第II部第3章第2節で論じた外在主義の一形態である信頼性主義も、それが核とする「信頼の置けるプロセス」に関しては、それは単に物理主義的な側面からのみ設定されるわけではなく、信頼性の基準は価値的なものを評価する私たちによって定められるものである。したがって信頼性という語でもって知識を説明するような完全に自然化された認識論の望みは薄いと言わざるをえない。

このように現代の認識論・知識論においてはさまざまな立場がありうるが、本章では比較的最近注目され議論されている「文脈主義(contextualism)」について論じる。特に本章では現代の懐疑論に関わる論争における著名な論客の一人である、マイケル・ウィリアムズ(Michael Williams 一九四七年―)の「主題文脈主義(issue contextualism)」を紹介しその可能性について論じたい。ウィリアムズの立場にはいくつもの特徴があるが、例えば現在の認識論において主流である純粋な物理主義・外在主義では取りこぼされてしまう、人間の認識の規範性に着目しているという点で重要である。またウィリアムズは、デカルトに代表されるような基礎付け主義の立場、あるいはそのような立場に則った懐疑主義的な議論がその背後に負っているさまざまな論理構造を批判的に分析しており、その点でもウィリアムズの懐疑主義に対する診断は、懐疑論に関わる論争に大いに示唆を与えてくれるものであろう。

知識論におけるいわゆる「文脈主義」にもさまざまな立場があるが、ウィリアムズ自身は文脈主義における現在の主流派である「会話文脈主義(conversational contextualism)」(コーエンやルイス、デローズがとる立場）に対して、自分の立場を「主題文脈主義」と位置付けている。本章では特にデローズらの立場との対比を通じて、ウィリアムズの立場の特色を示したい。本章ではまずウィリアムズが懐疑主義に対してどのような立場をとっているのかを確認し（第1節、第2節）、その後で「主題文脈主義」の特徴をいわゆる相対主義やデローズらの「会話文脈主義」と比較しつつ、浮かび上がらせたい（第3節、第4節）。そしてウィリアムズの立場の問題点も指摘した上で、プラグマティズムの観点からその立場を擁護する（第5節）。

1　懐疑主義に対する「理論的診断」

セラーズの思想に深く影響を受けたマイケル・ウィリアムズは、「自然化された認識論」では軽視される規範的認識論の重要性を強調している。例えば懐疑論に対峙するものとしては、デカルト的な基礎付け主義といった直接的応答もありうるし、本書第I部第3章第1節で論じた『哲学探究』（一九五三年）や『確実性の問題』（一九六九年）のウィトゲンシュタインのような、「治療的診断（*Therapeutic diagnosis*）」といった対処の仕方もある。ここでの「治療的診断」とは、懐疑論的問題は言葉の誤用・誤解によって生み出される擬似問題であり、懐疑論者の議論を無意味とみなす立場である。これらに対して、マイケル・ウィリアムズが推奨するのは「理論的診断（*Theoretical* diagnosis）」というものである。この点を彼の著作『知識の諸問題（*Problems of Knowledge*）』[2]からの引用を交えつつ論じていこう。ここでの「理論的診断」とは、懐疑論者たちの議論の一見した自然さや直観さ（the naturalness or intuitiveness）を疑問視し、彼らの議論が見かけよりも一層複雑で多くの理論や先入見を背負っているということを示そうとする立場である（PK p. 146）。

ウィリアムズは理論的診断を遂行するにあたって、正当化に関する二つの立場を提示している。一つ目は懐疑主義と密接な結び付きがあるとされる、「先行する根拠付け要求（Prior Grounding Requirement）」というものである。これは簡潔に言えば、ある人が認知的に責任ある仕方で信じるということ（ある特定の信念を形作ることにおいて、重要な反証に対してきちんと応答するということ）は、その人が充分な証拠の基礎のもとに信じていることでなければならない、という要求のことである。これは知識の正当化ということに関してある意味まっとうな要求であると思われるが、ウィリアムズはこの「先行する根拠付け」概念が以下の四つの下部原理から構成されると見ている。（ＰＧ１）ただ飯なんてものは無い原理（*No Free Lunch Principle*）。認識的な権利付与——私的な正当化——は私たちにとって単に自然に生じるのではない。それは認識的に責任ある振る舞いによって得られるものである。（ＰＧ２）優先性原理（*Priority Principle*）。ある命題を真と信じるためのその人の根拠が充分には足りない時に、その命題を真と信じることは決して認識的に責任はない［無責任である］。（ＰＧ３）証拠に基づけること（*Evidentialism*）。根拠というのは証拠である。つまり信じられている命題の真理に賛同するとみなされる諸々の命題である。（ＰＧ４）所有原理（*Possession Principle*）。ある人の信念が充分に根拠付けられるためには、単にその信念のための適切な証拠が存在するだけでは充分ではない。むしろ、信じる人自身がその信じられている命題を（非常に）真らしくするための証拠を所有（そして固有に使用）しなければならない（以上、PK p. 147）。

ここでの（ＰＧ１）と（ＰＧ２）は私的な正当化（personal justification：正当化された信念は認知的行動の適切な基準に従って行動することによって私たちが得るものである、ということ）を構成するものである。（ＰＧ２）によれば、充分な証拠に基づかないであることを信じるということは認知的な責任がないことになり、（ＰＧ１）によって、信じているそのことは正当化されず知識とはならないことになる。また（ＰＧ３）と（ＰＧ４）は、ある人の信念が充分に根拠付けられるとは何であるのかについての内在主義的な説明を与えるものである。これらの原理によれば、「ある人の根拠は強い意味での証拠でなければならない。つまりその証拠とは、その人が問題となっているその信念をそれによって保持し、かつその人がそれへの直接的な認知的アクセスを有しているところの、さらなる信念――あるいは信念でなければ、何らかの他の私的な認知状態――でなければならない」（PK p. 148）。

ウィリアムズはこれら四つの原理を指摘した上で、懐疑主義が立場としてこの四つの原理を必要としていると指摘する。例えばアグリッパ的な懐疑論は、ある信念を正当化するどんな試みも、根拠の終わりのない遡り、根拠が明らかとは言えない仮説による強制終了、あるいは根拠付けの循環に陥る、というものである。このような懐疑論者の議論が示していることは、「理由を与える (*give reasons*) こと、あるいは証拠を引用する (*cite evidence*) ことの私たちの許容力には限界がある」(同上)、ということである。しかし懐疑論者が、自分が主張することから自分が結論付けることへと至るためには、懐疑論者は、いかなる信念もそれが充分かつ信用可能な証拠に基づいていない限りは責任ある形で保持されない、ということを当然のものとみなさねばならない。ウィリアムズはこの点で、懐疑論者は先行する根拠付け要求を必要とする、と指摘している。つまり「懐疑論者は依存テーゼ (責任を根拠付けと結びつけること) と強い内在主義 (根拠付けを証拠の所有と同一視すること) を必要とするのである」(同上)。

さて上記のように先行する根拠付け要求を受け入れる限りは、正当化に関して懐疑主義的にならざるをえないわけだが、ウィリアムズはこのような先行する根拠付け要求を受け入れることなしに知識と正当化との間を保持する立場があると指摘する。それが知識・信念の正当化が有している、「省略と説明要求 (Default and Challenge)」構造[3]である (PK p. 149)。これは司法システムにおける、「有罪と立証されない限りは無罪とされる」に類似している。これに対して先の「先行する根拠付け」は、無罪と証明されない限りは被告を有罪として扱う司法システムに類似していると言えるだろう。「省略と説明要求」構造とは、ある人の知識の正当化においては、その正当さの理由説明を要求されない限りは、正当化を省略 (Default) してよいが、説明の要求 (Challenge) があるならば、それにいつでも答えなければならないという、ある種の規範性を有する構造である。つまり、ある人にある信念や断定の権利が付与されるのは、適切な阻却者（defeater）の不在においてである。言い換えれば、その人に権利が付与されていないと考える理由の不在においてである。

「省略と説明要求」構造では、先の（ＰＧ１）と（ＰＧ２）をある程度認めるのであるが、ウィリアムズは次のような点を強調している。

> 私たちが拒絶すべきなのは、責任のある信じる者が根拠を提供することにコミットすることは制限がない（*unrestricted*）、という考えだけである。知識への主張は、適切な形での説明要求が生じれば何であれ、それに応答することへのコミットメントを含んでいる。あるいは効果的な擁護がないならば主張を引っ込めることに応じるべきである。（PK p. 149）

つまりここから見て取れるこの構造の特筆すべき特徴は、説明を要求された側（つまり正当さを主張する側：claimants）だけでなく、説明を要求する側（challengers）にも、正当化の義務を負わせる（要求する正当な理由の提出義務）ものである、ということである。先行する根拠付け要求を想定するとなれば、知識を主張する側は諸々の根拠を生みだすことへの際限のないコミットメントを容認することになり、つまり懐疑論者がそれらの根拠を請求する権利を無制限に認めてしまうことになる。しかしながらウィリアムズが推奨するように、もし先行する根拠付け要求を拒絶するならば、懐疑論者はそのような権利を失うことになる。「説明要求を成す権利はそれ自体、目標となっている信念の真理性かあるいはその信念を保持する主張者の権利を疑問視する懐疑論的な理由を見つけることによって得られるものである。そのことが意味しているのは、無防備な説明要求は場違いである、ということである」(PK pp. 150–151)。

つまり例えば懐疑論者が知識の主張者に対して「あなたは間違っているのではないか」という問いかけをしたとしても、逆にその主張者から、「私がやったとあなたが思っている間違いは何なのか」という問いかけが合理的になされるのである。この問いに対して懐疑論者が適切な答えをしないのならば、説明要求は差し込まれなかったのであり、応答も要求されないのである。このような点はセラーズの認識論が有している規範性の特徴を推し進めたものであり、ここに内在主義や外在主義の不備を補いうる利点があるだろう。上記のようなことに関しては、ウィリアムズは次のように議論をまとめている。

まとめてみると、先行する根拠付け要求は、知識の主張者と説明要求者との間の正当化に関する責任性において大きな非対称性を強化することによって、正当化の悪性の後退を生み出している。知識の主張者は証拠を引用する永続的な責務を負わされているので、説明要求者は証拠が引用されるべきことを請求する永続的な資格を認められているのである。説明要求を成す権利は獲得される必要はないので、無防備な説明要求は常に規則にかなっているのである。そのようにして、知識の主張者がその主張を後援するためにどんなものを提供しようとも、新しい説明要求が自動的に権威付けられるのである。先行する根拠付け要求を拒絶することは、証拠を引用するという永続的な責務を打ち消すのであり、無防備な説明要求の資格を取り上げ、説明における後退を止めることになるのである。(PK p. 151)

このようにして「省略と説明要求」という概念は、知識の主張者と説明要求者とは正当化に関する諸々の責任を共有していることを主張しているのである。そしてこのような正当化の理由を与えたり尋ねたりするゲームにおけるそれぞれの一手は、それらの適法性のために現在は精査のもとにあるのではないさまざまなコミットメントに依存しているのであって、そういったコミットメントのあるものはまさしく省略の身分を有しているのである。

ウィリアムズによれば、このようなことは知識の主張者同様、説明要求者にも適用されるものなのである。したがって次のようなことが帰結する。

動機付けられたこのような具体的な説明要求は、省略の権利の広大な背景を前提するだろう。疑問視することとすべては、したがって肯定的に正当化することのすべては、ある限定的な正当化の文脈において (*in some definite justificational context*) 生じるのであり、現在の諸々の権利付与の、複雑でしばしば大規模に暗黙的な配列によって構成されているのである。そのような文脈すべてから引き離されたところでは、認識的な疑問視は単に何の獲得もない。帰結することは、(おそらく)どんな信念も適切な場面設定が与えられれば説明要求されるかもしれないけれども、哲学的懐疑論者が望むような集合的なやり方で私たちの信念の適法性を疑問視する可能性はまったくない、ということである。(同上)

したがって正当化についての省略と説明要求概念によれば、懐疑論者が試みる全面的な懐疑も、伝統的な認識論者(内在主義的で基礎付け主義的な認識論者)が目論む知識の完全な保証も不当なものとなろう。また、前章第2節で論じた信頼性主義は、内在主義的な要素を排除しつつ、知識の正当化を自然主義的・物理主義的に捉えていた。しかしながら、知識というものが人間社会を含めた多様な文脈において成立するものだとすれば、自然主義的・物理主義的な視点のみの信頼性主義では、知識を十全的に捉えることは不可能であろう。そういった点で、マイケル・ウィリアムズの文脈主義は従来の諸々の立場の難点を補いうるものである。

2 「省略と説明要求」構造と「文脈主義」

前節で確認したようにウィリアムズは、知識というものは省略と説明要求の構造に従う、ということを指摘している。彼によれば、「このモデルでは、正当化に関する諸々の問いはある定まった正当化の文脈において生じるのであり、その文脈は諸々の［知識の］権利の複雑で一般的には大いに暗黙的な背景によって構成されており、それらの［知識の］権利のあるものは省略的なのである」（PK p. 159）。ここでの文脈主義の基本的な考えは、知識を正しく帰属させたり主張したりするための基準は状況的な・文脈的な変動に固定されはしないが影響を受けやすい、というものである。そして特にウィリアムズの文脈主義は、その中心に上記の規範性を帯びた「省略と説明要求」構造を据えているのである[4]。

ウィリアムズによれば、「［知識の］正当化は理解可能性あるいは意味論的制約（*intelligibility* or *semantic constraints*）の影響を受けやすい」（同上）ものである。何を正しい信念として保持しているのか、あるいは逆に何について疑問を投げかけることができるのか、そういったことは私たちが習慣的に多くの事柄を正しく手にしていない限りは可能ではない。しかし何が理解可能か（正しいのか）、あるいは何が理解不可能なのか（間違いなのか）は、文脈に左右されるし、その境界は明確ではない。ただその場合でも、人は正に何らかの状況においてそれが何であれその何かについて間違っているということはありえない、という事実は残る。したがってウィリアムズによれば、文脈主義者は、どのような仕方で自分が自身の可謬主義を表明しているのか、について注意深くあるのでなければならない。つまり、「どんなものも疑問へと呼び込まれうると言いたくなるのだが、すべてを一度にではない。しかし何らかの状況において何かが疑問へと呼び込まれうるというのでさえも真ではない。まったく理解可能である――そして単に合理的であるというのではない――ためには、疑問を生じさせることは多くの場面設定を必要とするかもしれない。私たちが見るように、このことは私たちを取り巻く世界についての最も日常的で明白な諸々の判断を疑問へと呼び込もうとする懐疑論者の試みにも当てはまることである」（PK p. 150）。

したがって理解可能性に関わる諸々の制約は、意味のある疑問を私たちが生じさせることができる、ということに関係している。そしてある特定のタイプの疑問が成されるのならば、その時には疑いから免れているさまざまなものがなければならないだろう。そういったものをウィリアムズは「方法論的必然性（*methodological necessities*）」と呼んでいる。こういったものは省略の権利を与える源泉の一つであり、それらは探求の方向（direction of inquiry）を決定付けるものである。このことについて、ウィリアムズは次のように述べている。

私たちが目を向けているものが何であるかが、私たちが孤立して置き去りにしているものの機能なのである。私たちは同時にあらゆる方向へ旅できないのと同様に、私たちは一時にすべてのものを探求することはできない。この点は実践的に方向付けられた諸々の探求同様に、最も不可解な理論的質疑にも適用される。実際のところ、この論点を「制限」として語ることは誤解を招くものである。そのような制約の核心は焦点化された疑問を投げかけることを可能にするということなのである。(PK pp. 160–161)

またさらに一人の人間が知識を有するためには、彼の信念は充分に根拠付けられていなければならないだろう（彼がその根拠に気付いていようがいまいが、それらの根拠を証拠として引用しようがしまいが）。ウィリアムズはこのケースに関して、彼が状況的要素（*situational* factors）と呼ぶ文脈的要素が活動し始める、と述べている。

認識的な文脈は方法論的かつ弁証的考察によっては汲み尽くされない。そこにおいて知識の主張が入り込んだり信念が保持されたりする実際の状況についての事実がまた重大なのである。こういうわけで、知識を主張することにおいて、私たちの信念を客観的に充分よく根拠付けることに私たちはコミットするのである。私たちは自分が見落としていた、あるいはまだ見つかっていない関連的な阻却者の存在に対して開かれている。例え自分に罪がないとしても。根拠付け性への

私たちのコミットメントはそのようにして自己修正へと開かれていることの重要な源泉なのである。（PK p. 162）

上記のような「状況的要素」は、文脈主義における外在主義的性格を目立たせるものである。というのも省略の権利が与えられているということは、知識の主張者は、認識的に責任を負うために、自分の信念のための諸々の根拠を常に意識している必要はないからである。文脈主義におけるこのような認識論的外在主義は、ウィリアムズの他の著作でも強調されている。例えば『不自然な懐疑（*Unnatural Doubts*）』（一九九一年）[5]では次のように記されている。

文脈主義はある種の外在主義を含意している。というのも、ある主張が知識を表明しているならば、諸々の適切な文脈的制約が満たされなければならないだろうが、それらの制約が満たされているということは常に［認識主体にとって］知られていなければならないだろうということはないし、信じられていなければならないだろうということさえない。（UD p. 119）

これまで論じてきたように、ウィリアムズの文脈主義の特徴は、「先行する根拠付け要求」に対立する「省略と説明要求」構造と、知識の探求における「正当化の文脈」という二つの要素に明確に表れているだろう。前節で論じたように、前者の「省略と説明要求」構造は基礎付け主義、ひいては懐疑主義に抗するものである。また本節で確認したような文脈主義における「方法論的必然性」なるものは、本書第I部第3章第1節で論じたウィトゲンシュタインの思想とも親和性のあるものだろう（その点については次節で改めて論じる）。かつ本節末尾で確認したように、ウィリアムズの文脈主義は外在主義とも歩みをともにする部分も見受けられる。次節以降でも他の立場との比較を通じて、ウィリアムズの主題文脈主義の利点を明らかにしていきたい。

3　文脈主義と相対主義

本章第1節と第2節において、懐疑主義に対するウィリアムズの理論的診断の重要な要素として、「省略と説明要求構造」と「正当化の文脈」の二つを確認した。本節ではまず「正当化の文脈」に関して、現代の知識論でいわゆる「文脈主義」と呼ばれる立場を吟味していきたい。文脈主義に関する古典的な文献(6)の一つで、アニスは文脈主義を従来の基礎付け主義と整合主義に代わる第三の立場として位置付けている。文脈主義は「基礎付け主義的な意味での基礎的言明が存在することと整合性が正当化にとって充分であることの両方を否定する」し、文脈主義によれば「基礎付け主義と整合主義の両者は正当化にとって本質的な文脈的なパラメーターを見落としている」（CTEJ p. 213）のである。

アニスが文脈主義の特徴として挙げていることはいくつかあるが、ウィリアムズの立場との関係で重要となるのは、知識の正当化というものが有している社会的な本性であろう。つまりアニスは認識主体S（Subject）が命題P（Proposition）を信じることにおいて正当化されているかどうかが問題となる時、これが「主題文脈」との関連で考慮されるべきであると指摘している（CTE] p. 215）。例えば何かの病気について話題になっている時、医学的な素養のない一般人がそれについて語るのと、医学の博士号を持つ人がそれについて語るのとでは、語る内容が正当化されるために要求されるものは異なってくる。つまり医学の博士号を持つ人の方が、医学の素養のない一般人よりも、ある病気について自分が信じている命題に対して、より詳細な証拠の提示や情報の開示を求められる。

したがってアニスが考えているところの正当化についての文脈主義モデルによれば、認識主体Sが命題Pを信じることにおいて正当化されているかどうかが問題となる時、私たちが考慮すべきは、要求される理解と知識のレベルを決定しているある特定の主題文脈との関連性なのである。そしてそのような主題文脈に関わる社会的な情報、つまりそのような主題に関わるさまざまな信念、情報、諸理論などは正当化に関して重要な役割を果たしている。というのもそういったものがある面で、正当化に対してどういった反論が生じるのか、そういった反論に対してどのように答えるべきか、反論者がどのような応答を受け入れるのか、を決定するからである（以上、同上）。

またアニスの指摘するところだが、正当化理論において最も無視されている構成要素は、人々のコミュニティ文化に関する正当化の、実際の社会的実践や規範である。つまりこれまで哲学者が見てきたのは正当化についての普遍的でアプリオリな諸原理であるが、むしろ認識主体Sが命題Pを信じていることにおいて正当化されているかどうかを決定するためには、その認識主体が所属している人々のコミュニティの正当化の実際の基準を考慮せねばならないのである。その考察のためにはこれまで以上に心理学的、社会学的、人類学的研究が必要とされるだろう（以上、同上）。またアニスが的確に述べているように、正当化というものが人間集団の社会的実践や規範に相対的であるからと言って、正当化が何かしら主観的なものである、と結論付けられるわけではない。なぜならそのような社会的実践や規範は認知的なものであるし、それらの行きつく先として何かしらの真理や誤謬の回避を有しているからである。そしてそれらのゴールに行きつかなかった場合はその正当化は批判されうるので、正当化は何でもありの相対主義的・主観主義的なものではない。したがってアニスは、「科学における理論中立的な観察言語がないのとまさに同じように、人がとりうる基準中立的な認知的立場はない」が、だからと言って「どちらの場合でも客観性や合理的批判が失われるというわけではない」と強調している（以上、CTEJ p. 216）。

「文脈主義は相対主義の一種である」という批判に対しては、マイケル・ウィリアムズも自身の立場を「（ウィトゲンシュタイン的）文脈主義」と位置付けた上で反論している[7]（以下本節では「文脈主義」とはウィリアムズの立場での「文脈主義」の意である）。ウィリアムズによれば「認知的相対主義」は、「体系依存」（信念の認知的状態は本来備わっている性質ではなく、信じている人の認知的体系に依存する）、「体系変化性」（認知的体系は文化から文化へ変化するし、個々の文化内でも歴史的出来事から別の歴史的出来事へ変化する）、「体系同等性」（ある認知的体系が別の認知的体系より優れているということはない）という三つの要素によって特徴付けられるものである（WCNR p. 94）。このように性格付けられる認知的相対主義は明らかに著しく主観主義的・懐疑主義的なものとなろう。文脈主義がこのような相対主義に属するものであれば、懐疑主義に対する防波堤としての文脈主義は成り立たないことになる。

ウィリアムズはウィトゲンシュタインの『確実性の問題』[8]からの引用を交えつつ、文脈主義を相対主義からはっきりと区別して捉えている。まず文脈主義は伝統的な基礎付け主義の根源的代替物であり、日常的な認知的実践により近いところに留まるものである。さらにウィリアムズは本章第1節で記したような、基礎付け主義（伝統的認識論と懐疑主義は一枚のコインの裏表であるが）の主張者と説明要求者の非対称性を指摘しつつ、説明要求そのものが正当化の制約に服するものならば、このような非対称性は誤りであることを論じている（以上、WCNR p. 99）。そしてウィリアムズが擁護する（ウィトゲンシュタイン的）文脈主義に関しては、そのような主張者と説明要求者の非対称性を認めない、正当化の「省略と説明要求構造」（本章第1節参照）が文脈主義には親和的であると主張する（WCNR p. 100）。

さらにウィリアムズはこの文脈主義を彩る四つの要素（意味論的、方法論的、弁証法的、経済的）を挙げているが、特に相対主義との差異という点で重要なのが、方法論的（methodological）要素と経済的

(economic) 要素である。方法論的要素に関しては、学問上の制約あるいは方法論的必然性ということをウィリアムズは強調している。これは何かしらの特定の学問を実践することを成立せしめる学問上のメタ文脈となるものであり、探求の主題が何であるかを決定付け、相対主義的な何でもありを回避するためのものとなる (WCNR pp. 102–103)。また経済的要素に関しては、正当化というものが実践的な次元を有することから、文脈から文脈へと変化する経済的な諸々の考慮によって認知的な基準が影響されることも指摘される。つまり何らかの信念を受け入れることにおいて正当化されるためには満足な証拠を有していることが要求されるが、それがどの程度あれば充分なのか、どれほど要求するのが道理に適っているかが問題となる。そしてその際にはそのような証拠を収集するコストがどれくらいであるかが影響する。こういった点も探求を何でもありの状態から回避することへとつながっていく（以上、WCNR p. 104）。

以上のようなことを論じた上で、ウィリアムズは「文脈主義は認知的相対主義を助長しないということは明らかである」(WCNR p. 107) と結論付ける。ウィリアムズによれば、究極的な源となる諸原理は非循環的な仕方では正当化されえないという考えに認知的相対主義は依存しているが、文脈主義の主意は、懐疑論的相対主義者が要求するような単純な仕方では、正当化というものはそのような諸原理に依存していない、というものである。つまり「認知的体系」というものは相対主義が想定しているよりももっと複雑であり、可変的で、事実依存的であるし、正当化というものは相対主義者が想像するほど直接的に体系依存的ではないのである（以上、同上）。ウィリアムズが擁護するウィトゲンシュタイン的文脈主義は、上記のように、知識の正当化が有している実践的な要素を指摘し認知的体系の構造の豊かさを強調することで、伝統的な基礎付け主義やそれと表裏一体の相対主義が陥っている誤謬（さまざまな認識論的前提）を回避している。このような点でも、従来の認識論的理論の代替物としての文脈主義は注目に値するものであろう。

4　主題文脈主義と会話文脈主義

前節で確認したように、アニスは文脈主義を伝統的な認識論（基礎付け主義（それと表裏一体の相対主義）や整合主義）に代わる第三の立場として捉え、マイケル・ウィリアムズも自身の主題文脈主義を伝統的な立場の代替物として打ち出している。ただし文脈主義と言ってもいくつかの立場があり、それに応じて認識論における文脈主義の位置付けも変化する。例えば「会話文脈主義」の代表的論客であるキース・デローズ（Keith DeRose 一九六二年―）は、彼の主著である『文脈主義の擁護論（*the Case for Contextualism*）』[9]の中で、「私がここで構築しようとしているような『文脈主義』は知識や正当化の構造についてのテーゼでないことは確かである」し、「実際のところ文脈主義は基礎付け主義とも整合主義とも調和するし、それら二つの間のさまざまな構造的意見とも調和する」と強調している(CfC p. 21)。

デローズの定義によると、「文脈主義」とは、「知識を帰属させたりあるいは知識を否定したりする文(「SはPを知っている」や「SはPを知っていない」という形式の文)の真理条件は、それらの文が述べられる文脈に従った特定な仕方で変化する」(CfC p. 2)という理論である。このようないわゆる「文脈主義」には何種類かあり、その主要なものとして、「認識主体文脈主義(subject contextualism)」や「帰属者文脈主義(attributor contextualism)」といったものがある。認識主体が知っているとみなされるために満たさねばならない基準が、まさに認識主体の文脈によって設定されるのが前者であり、その認識主体を知っているとして記述する人(帰属者)の文脈によって設定されるのが、後者である(CfC p. 22)。デローズは「帰属者文脈主義」の立場だが、これら二つは密接に関係している。つまりどちらも知識基準が認識主体や帰属者の会話的文脈(*conversational* context)に依存していて、ウィリアムズはどちらも「単純な会話的文脈主義(*simple conversational contextualism*:SCC)」とみなしている。そしてこのようなSCCと対照をなすのが「構造的文脈主義(*structural contextualism*)」であり、この見方だと、正当化(したがって知識)はある特定の主題文脈(*issue context*)を前提としている。ウィリアムズはSCCと明確に異なるものとして、この「構造的文脈主義」を「主題文脈主義(*issue contextualism*:IC)」と呼んでいる(以上KRSH p. 173)。以下ではウィリアムズの論文「知識、反省、懐疑論的仮説[10]」を参照しつつ、ICを

SCCと比較し描き出していく。

さて、文脈主義は懐疑主義にどう対抗するのか。ウィリアムズが懐疑主義に対してどのような態度をとるのかは本章第1節で確認したが、ここではSCCとの比較も考慮に入れつつ再考したい。まず懐疑主義者たちは認識論を行いながら、知識は不可能だと主張している。そもそも懐疑主義が問題なのは、一方で懐疑論的帰結は受け入れ難いが、他方で懐疑論的議論は直観的に抵抗し難いものだからである。文脈主義はこのことをうまく説明しなければならないだろう。ウィリアムズによれば、「なぜ私たちは懐疑論的仮説を深刻に受け止めるのか」という問いに対して、ICはSCCよりもうまい解答を与えうる。そして結果として、ICは反懐疑主義的戦略を提供することになる（以上KRSH p. 174）。

まずウィリアムズは議論のきっかけとして、いわゆる懐疑論的仮説（skeptical hypothesis）[11]に目を向けていく。問題となるのは主にデカルト的懐疑論である。懐疑論的仮説は通常の知識主張へのある特殊な「阻却者」であり、これらは日常的信念を知識に至らせなくする。それらの仮説が特殊であるのは、それらが体系的な誤りあるいは欺きを含んでいるという点にある（以上KRSH p. 175）。またウィリアムズはSCCについて論じるわけについていくつか述べているが、まずウィリアムズは、「このような形式の文脈主義を「会話的」と呼ぶことは、認識的基準を固定することにおける会話的文脈の役割に重きを置いていることを反映している」、と指摘している（KRSH p. 176）。そしてこれを「単純な」と呼ぶことは、会話の主題（subject-matter）とは独立に適用される、認識的基準のための厳格さの尺度が存在する、というＳＣＣの考えを指摘している。しかしながらＩＣは、認識的基準は会話の主題に感受的（sensitive）である、と考える傾向にある（KRSH p. 177）。ここがＳＣＣとＩＣとの違いの一つになろう。

ではＳＣＣとＩＣは懐疑主義に対してどのような対処の仕方をするのだろうか。簡潔に言えば、ＳＣＣは、懐疑主義は知識のための基準を上げている、と考えている。しかしながらＩＣは、違う可能性を開くのである。それはつまり、「懐疑主義は主題を変えている（change the subject）」と（KRSH p. 177）。このような違いが問題である理由はウィリアムズによれば以下のようなことになるだろう。つまりＳＣＣによれば、懐疑主義者が正しいように思えるのは、限定された仕方ではあるが、彼が正しいからである。懐疑主義者の唯一の誤りは、自身が示したより以上のことを自分は示していると考えていることである。というわけで売りに出されている反懐疑主義的戦略は、一つの純粋な遮断（*pure insulation*）となろう。そのようにしてこの戦略は懐疑主義に対して深刻なほどに譲歩的なのである（以上、同上）。これに対してＩＣはまず、懐疑主義の文脈に束縛された性格を同定し、その次に懐疑主義の文脈が理論的に耐えうるものであるかどうかを問題にする。つまり認識論を（懐疑主義とともに）実行することは、私たちがなんら受け入れる理由のない潜在的な理論的前提に依存しているかもしれないのである。ウィリアムズによれば、ＳＣＣはこの点を論じていない。そもそも、懐疑論的帰結が直観的であるように思えるのは、それら固有の限界内で、それらが直観的であるからである（以上、KRSH pp. 177–178）。

さて以下では、ＳＣＣの立場で懐疑論的仮説をどのように扱っているのかについて、ウィリアムズの分析を参照してみよう。扱うのは主にデローズの見解である。デローズにとって、懐疑論的な可能性は明示的な知識主張（*explicit knowledge-claim*）によって機能させられるのであって、誰かが単にそれらの可能性に言及したり気付いたりすることによってではない。可能性を会話的に機能させるために、明示的に反懐疑論的な知識主張を成さねばならない。つまり「私はＢＩＶ（Brain in a vat）ではないということを知っている」と主張せねばならない。しかしそのような主張を成すのは、すでに懐疑論的仮説を真剣に受け止める準備ができている場合だけであろう（以上、KRSH p. 183）。またウィリアムズによれば、帰属者文脈主義者は、懐疑主義的な疑いが通常の疑いを自然に拡張したものを含んでいることを望んでいる。しかし彼らはまた、懐疑主義的な阻却者が除去できないものであることも望んでいる。その結果、知識主張は実際に「懐疑主義的」文脈においては誤りとなるのである。いずれにせよ、通常の状況についての反省が示唆するのは、会話的な進展が基準の変化を引き起こすのは限定された主題の文脈においてのみである、ということである。ウィリアムズは、この点を帰属者文脈主義は見落としているのではないか、と指摘している（以上、KRSH pp. 188–189）。

このような問題に関しては、ウィトゲンシュタインの見解を参照しつつ、ウィリアムズは次のように論じている。つまりある所与の探求においてある疑いが効力を失っている（*hors de combat*）ということは、信用性や限定された力量とは関係がなくて、むしろ問題なのは探求の焦点あるいは方向（*focus* or *direction*）なのである。換言すれば私たちが探究しているものは私たちが構わずにそのままにしているものの働きによるのである。ある特定の学問分野においては、その学問分野にその特徴的な形態や主題を与えるのに資する特定の非常に一般的な諸前提が存在している。それらをウィリアムズは「方法論的必然性」と呼んでいる（本章第2節の後半部分で言及した文脈主義の「方法論的要素」）。またそれとともに、それらの諸前提は特定のジャンルのあらゆる探究のための学問上のメタ文脈（*disciplinary meta-context*）を決定付けている（以上、KRSH p. 190）。したがって所与のジャンルの中での探求の特定の諸文脈は、認識的価値付けのまったく通常の文脈と同様に、それらの特定のローカルな諸前提を有している（KRSH p. 191）。したがってこれまでの議論をまとめるとウィリアムズによれば次のようになろう。

知識そのものを探査するための学問上のメタ文脈は前提について豊富である。したがって懐疑主義者が通常の知識について研究しているということは決して明白なことではない。［中略］むしろ懐疑主義者が自身の疑問を作り上げるそのやり方は特別な主題、つまり知識そのものという主題を創造することを含んでいる。［中略］懐疑主義者はさまざまな仕方で主題を変えているのである。（KRSH p. 195）

さてウィリアムズのＩＣの立場からすると、ＳＣＣの主要な誤りは、充分に文脈主義的でない、という点になる。つまりＳＣＣの文脈主義の背後には、ある形態の不変主義が存在するのである。ここでの不変主義とは、論争中の主題に関わらず、それによって認識的な基準が判断されて緩められたり厳しくなったりするある単純なスケールが存在する、という考えのことである。しかしウィリアムズは、この考え方はＳＣＣの支持者たちにとってさえも主張しづらいものである、と指摘している（以上、KRSH p. 195）。問題の源は、知識帰属のための基準を上げることを強調することによる、ＳＣＣの一次元的な性格である、とウィリアムズは指摘している。一方で、なぜ懐疑主義が魅力的なのかを説明するために、私たちの通常の状況とＢＩＶという特殊な状況との間にある申し立てられた類似性（二つの状況の連続性）が時々顕著なものとなるということを私たちは認めなければならない（特にＳＣＣはその連続性を認めている）。他方で、それゆえに問題は、何らかのその場限りではない（*non-ad hoc*）方法で、なぜそれらの類似性が常に顕著であるわけではないのかを説明することである。ＩＣの立場はこの問いに答えを与える。というのも学問上のメタ文脈の移行が単に認識的基準を上げているのではないと主張することを許すからである。つまりその移行は主題を変えているのである（以上、KRSH p. 198）。

以上、ウィリアムズの論文に基づき、彼の主題文脈主義の特徴を浮かび上がらせることを試みた。とりわけ懐疑主義に対してＩＣとＳＣＣがどう対処するかの差異は明確になったと考える。知識の正当化に関してＳＣＣは文脈の違いを認識的な基準の高低（High-standards／Low-standards）で捉えているが、そうなると日常的な文脈と懐疑論的な文脈が地続きとなり、最終的には懐疑主義を許容することになってしまう。それに対してウィリアムズのＩＣは、それぞれの文脈にそれぞれの主題が明示的にあるいは暗黙裡に設定されており、それに応じた諸前提が文脈には織り込まれていることを明らかにしている。つまり何の知識が主題になっているかに着目することを通じて、その知識を形作っている文脈や背景的諸前提を明示的にし、それに応じてその探求においてどのような条件が揃えば知識が正当化されるかが適切な形で設定されることになろう。このような立場であれば、本章第３節で確認したように相対主義的な困難に陥ることはないであろうし、懐疑主義に対してもＳＣＣのように譲歩的になることなく、適切にそれを理解することが可能となろう。

5 「認識論的実在論」の問題点と「主題文脈主義」の可能性

前節まででマイケル・ウィリアムズの主題文脈主義の利点を描き出してきたが、彼の立場が一部の隙もない完璧なものというわけではない。彼の文脈主義にも他の認識論的立場と同様に相応の問題点をはらんでいるが、その中でも重要なものの一つが彼の「認識論的実在論（Epistemological Realism）[12]」というアイデアだろう。「認識論的実在論」とは、「認識論内部の一つの立場としての実在論——私たちは客観的で心から独立した実在についての知識を持っているというテーゼ——ではなくて、それとはまったく異なる何かである。それはつまり、認識論的探究における諸対象についての実在論である」(UD p. 108)。これは特に伝統的認識論者、特に伝統的な基礎付け主義者がコミットしているものであり、知識の本性や正当化の構造についての事実によって決定されるある固定された「認識的立場」を私たちは有している、という見解である。とりわけ外的世界についての（客観的）知識よりも経験的な（主観的）知識が優先するという「認識論的優先性」をその特徴としている。

本章第1節で確認したような伝統的基礎付け主義者（および懐疑主義者）が有している「先行する根拠付け要求」は、この「認識論的実在論」というアイデアに基づいており、ウィリアムズはこれがドグマにすぎないとして、それに取って代わるものとして知識の正当化が有している「省略と説明要求構造」を推奨している[13]。つまりウィリアムズが自身の立場の独自性を強調するためにも、「認識論的実在論」というドグマは批判的な意味で重要なものとなろう。しかしながらウィリアムズが想定するような仕方でこの「認識論的実在論」というアイデアが機能しているかどうかは疑問が残る。グランドマンが論文「推論的文脈主義、認識論的実在論、懐疑主義——ウィリアムズへのコメント[14]」でその疑問点についていくつか指摘しているが、ここでは紙幅の関係上、一点だけ考察しておきたい。

それはウィリアムズが「認識論的実在論」に代わるものとして提示する知識の正当化における「省

略と説明要求構造」それ自体も知識の本性や正当化の構造についての「実在論」であるかもしれず、「ウィリアムズのヴァージョンの文脈主義もまたもちろん、認識論的立場」(ICERS p. 208) なのである。伝統的認識論者が、いわば「認識論的実在論」を方法論的必然性として、「知識一般」の探求をしてきたのに対して、ウィリアムズはまさしく「省略と説明要求構造」を方法論的必然性として認識論的探究を行っていると言えるだろう。しかしながらそのような探求や認識論的立場自体がどのように正当化されるのかが問題となるかもしれない（伝統的認識論の正当性がウィリアムズの立場から批判されたように）。

だがこのような問題をまた伝統的な認識論の枠組みで解決しようとすれば、袋小路に陥ってしまうことは必至であろう。ここでもポイントになるのは、本章第1節末尾で指摘した、「省略と説明要求構造」が有している規範的な性格である。文脈を特色付ける主題を設定するのも私たちの実践においてであり、認識的な規範も私たちが実践において定めているものである。そしてそれらの主題や認識的な規範は知識の探求という実践において明示的にあるいは暗黙裡に存在しているものではあるが、それらの制約は固定的なものではなく、必要性があればより良いものへと修正することもできる。本書第I部第1章第3節で論じたように、古代懐疑主義においては、その懐疑論的な理論はいかに生きるべきかという実践に強く結びついていたが、ウィリアムズの「主題文脈主義」も懐疑論に抗するものとはいえ、認識的な規範性を重視するその実践的な側面に関しては、古代懐疑主義とある意味共通するものがあるのかもしれない。ともあれウィリアムズは自身の立場を「プラグマティズム」とも称しているが（PK p. 171）、認識論的にさまざまな問題を解き明かす立場として、あるいは従来の「認識論的実在論」に基づいた基礎付け主義などの立場の代替案として、プラグマティックな観点からもウィリアムズの「主題文脈主義」は大きな可能性を秘めていると考えられる。

註

（1） W. V. O. Quine, 'Reply to Morton White', in L. Hahn and P. Schilpp (eds.), *Philosophy of W. V. Quine* (Open Court, 1986), pp. 663–5.

（2） 以下、マイケル・ウィリアムズの次の文献から引用しつつ論じる（拙訳であり、この文献からの引用に関しては「PK」と略記し、頁数を示す）。Michael Williams, *Problems of Knowledge: A Critical Introduction to Epistemology* (New York: Oxford University Press, 2001).

（3） この用語はロバート・ブランダム（Robert Brandom 一九五〇年—）による。次の文献を参照。Robert Brandom, *Making It Explicit* (Cambridge, MA: Harvard University Press, 1994), esp. ch. 3, sect. III.

（4） 認識論における最広義の文脈主義とは、知識の主張や正当化の真偽は本質的に文脈に応じて変化する、というものだろう。ただし「知識」をどの範囲で捉えるか、「正当化」の条件として何を採用するか、「文脈」ということで何を意味するか、といった点で文脈主義はいろいろな立場を取りうる。現在の代表的な論客としては、D・ルイス（cf. David Lewis, 'Elusive Knowledge', *Australasian Journal of Philosophy*, vol. 74 (1996), pp. 549–67）やK・デローズ（cf. Keith DeRose, 'Solving the Skeptical Problem', *Philosophical Review*, vol. 104 (1995), pp. 1–52）などがいる。

(5) Michael Williams, *Unnatural Doubts* (Cambridge: Blackwell, 1991; Princeton: Princeton University Press, 1996). 引用箇所は拙訳であり、本章で参照する場合は「UD」と略記し、頁数を記す。

(6) David B. Annis, 'A Contextualist Theory of Epistemic Justifization', *American Philosophical Quarterly*, vol.15, no. 3 (July,1978), pp. 213–219. 引用箇所は拙訳であり、本章で参照する場合は「CTEJ」と略記し、掲載誌の頁数を記す。

(7) Michael Williams, 'Why (Wittgensteinian) Contextualism Is Not Relativism', *Episteme* (2007), pp. 93–114. 引用箇所は拙訳であり、本章で参照する場合は「WCNR」と略記し、掲載誌の頁数を記す。

(8) Ludwig Wittgenstein, *Über Gewissheit* (Oxford: Blackwell Publishers Ltd, 1969)（『確実性の問題』（黒田亘訳、『ウィトゲンシュタイン全集９』（大修館書店、一九七五年）所収））.

(9) Keith DeRose, *The Case for Contextualism* (Oxford: Oxford University Press, 2009). 引用箇所は拙訳であり、本章で参照する場合は「CfC」と略記し、頁数を記す。

(10) Michael Williams, 'Knowledge, Reflection and Sceptical Hypotheses', in E. Brendel & C. Jäger (eds.), *Contextualisms in Epistemology* (Dordrecht: Springer, 2005), pp. 173–201. 引用箇所は拙訳であり、本章で参照する場合は「KRSH」と略記し、掲載書の頁数を記す。

(11) 懐疑論的仮説の標準的な展開はデローズが「無知による議論（Argument from Ignorance）」と呼ぶものに見いだされる（cf. Keith DeRose, 'Solving the Skeptical Problem', *Philosophical Review*, vol. 104 (1995), p. 1.)。以下のような議論である（Oは日常的な主張、Hは懐疑論的仮説を意味する）。

（AI）　Hでないことを私は知らない。
もしHでないことを私が知らないならば、私はOを知らない。
だから、私はOを知らない。

（12）「認識論的実在論」についてはウィリアムズの文献に散見されるが、本章注（5）で挙げたウィリアムズの文献の特に第三章を参照されたい。

（13）知識の正当化における「省略と説明要求構造」を、ウィリアムズは最近の論文でも一貫して推奨し続けている。次の文献を参照。Michael Williams, 'Skepticism, Evidence and Entitlement', *Philosophy and Phenomenological Research*, vol.87, no.1 (July, 2013), pp. 36–71.

（14）Thomas Grundmann, 'Inferential Contextualism, Epistemological Realism and Scepticism: Comments on Williams', in E. Brendel & C. Jäger (eds.), *Contextualisms in Epistemology* (Dordrecht: Springer, 2005), pp. 203–210. 引用箇所は拙訳であり、本章で参照する場合は「ICERS」と略記し、掲載書の頁数を記す。

あとがき

思い起こしてみれば、記憶に残っている限りで私が何かしら哲学的なことを考えたのは、本書のテーマである懐疑論的な疑問についてだったと思う。確か小学校高学年の頃だったと記憶しているが、ある日何かの本（物語）を読み終わってパタンと本を閉じ、ふとこう思ったのだ。本を読み終わって本を閉じれば、そこで一応、登場人物たちが活躍する本の世界は終わってしまう。もしかしたらこの本を読んでいる私自身も、誰かが読んでいる何かしらの本の中の登場人物で、その誰かさんが読み終わって本を閉じてしまえば、私が存在しているこの世界も私自身も、そこでパタンと終ってしまうのではないか。そう考えた時、ある種の恐怖を感じたのと同時に、いやそんな馬鹿なことあるはずない、と思ったように記憶している。

長じて大学などの哲学入門的な授業で、懐疑論について講義する時に上記のようなエピソードを話したりすると、授業終わりの感想文で、「私も似たようなことを考えたことがあります」と記してくれる学生たちが結構いることに気付くことになる。やはり哲学に興味関心を持つ人たちにとって、本書で扱ったような懐疑論的な問題というのは、哲学的なことについて思考する、大きなきっかけの一つとなっているのだろう。人生において「疑う」ということは少ないに越したことはないだろうが、それでもやはり哲学的に「疑う」ということは、何かしらの危険をはらんでいるものの、抗いがたい魅力も備えているものなのかもしれない。

本書は、縁があって二〇一一年から二〇一三年にかけて京都大学で非常勤講師として受け持った授業の講義ノートがもとになっている。さらにその講義ノートは、二〇一二年に出版された共著『哲学するのになぜ哲学史を学ぶのか』（松本啓二朗・戸田剛文編、京都大学学術出版会）で私が担当した第四章、「懐疑論についての歴史的考察」という論考がもとになっている。また最終章は、学術雑誌『人間存在論』（京都大学大学院人間・環境学研究科『人間存在論』刊行会編）に掲載された論文、「「主題文脈主義」の可能性」（二〇一五年）がもとになっている。共著論文で書き切れなかったところを加筆して講義ノートとなり、講義でうまく伝えきれなかったところ、時間がなくて伝えることができなかったところを加筆し、今回のような書籍の形でまとめることができた。懐疑論に抗するための私独自の視点というものはまだまだ不充分で、今後稿を改めて論じていかねばならないだろう。ただ今回このようにまとめるにあたって、あの講義を受講してくれた学生たちには小テストやレポートなどを通じて貴重な意見をいただいた。感謝したい。

また今回の出版にあたり、いろいろな方々の協力を得たが、特に本書の出版を強く勧め後押ししてくださった、京都大学大学院人間・環境学研究科の冨田恭彦教授、そして私にとっての最初の単著『デカルトの方法』に引き続き、今回の単著の編集に携わっていただいた、京都大学学術出版会の國方栄二さんに感謝したい。

松枝　啓至

二〇一六年　立春　京都にて

索　引

松枝　啓至（まつえ　けいし）

1978 年 熊本県に生まれる。
2002 年 京都大学総合人間学部卒業。
2008 年 京都大学大学院人間・環境学研究科博士後期課程修了、京都大学博士（人間・環境学）。
現在、大阪工業大学・龍谷大学非常勤講師などをつとめる。

主な著訳書
単著 『デカルトの方法』（京都大学学術出版会、2011 年）
共著 『知を愛する者と疑う心――懐疑論八章』（晃洋書房、2008 年）
『哲学するのになぜ哲学史を学ぶのか』（京都大学学術出版会、2012 年）
『哲学をはじめよう』（ナカニシヤ出版、2014 年）
共訳 カール・ポパー著『カール・ポパー　社会と政治――「開かれた社会」以後』（ミネルヴァ書房、2014 年）

学術選書

懐疑主義

学術選書 075

2016 年 7 月 15 日　初版第 1 刷発行

著　　者…………松枝　啓至
発 行 人…………末原　達郎
発 行 所…………京都大学学術出版会
京都市左京区吉田近衛町 69
京都大学吉田南構内（〒 606-8315）
電話（075）761-6182
FAX（075）761-6190
振替 01000-8-64677
URL http://www.kyoto-up.or.jp

印刷・製本…………㈱太洋社

装　　幀…………鷺草デザイン事務所

ISBN 978-4-8140-0038-8
定価はカバーに表示してあります

学術選書 ［既刊一覧］

＊サブシリーズ 「心の宇宙」→ 心 「宇宙と物質の神秘に迫る」→ 宇 「諸文明の起源」→ 諸

001 土とは何だろうか？ 久馬一剛
002 子どもの脳を育てる栄養学 中川八郎・葛西奈津子
003 前頭葉の謎を解く 船橋新太郎 心1
005 コミュニティのグループ・ダイナミックス 杉万俊夫 編著 心2
006 古代アンデス 権力の考古学 関 雄二 諸12
007 見えないもので宇宙を観る 小山勝二ほか 編著 宇1
008 地域研究から自分学へ 高谷好一
009 ヴァイキング時代 角谷英則 諸9
010 GADV仮説 生命起源を問い直す 池原健二
011 ヒト 家をつくるサル 榎本知郎
012 古代エジプト 文明社会の形成 高宮いづみ 諸2
013 心理臨床学のコア 山中康裕 心3
014 古代中国 天命と青銅器 小南一郎 諸5
015 恋愛の誕生 12世紀フランス文学散歩 水野 尚
016 古代ギリシア 地中海への展開 周藤芳幸 諸7
018 紙とパルプの科学 山内龍男
019 量子の世界 川合・佐々木・前野ほか編著 宇2
020 乗っ取られた聖書 秦 剛平
021 熱帯林の恵み 渡辺弘之
022 動物たちのゆたかな心 藤田和生 心4
023 シーア派イスラーム 神話と歴史 嶋本隆光
024 旅の地中海 古典文学周航 丹下和彦
025 古代日本 国家形成の考古学 菱田哲郎 諸14
026 人間性はどこから来たか サル学からのアプローチ 西田利貞
027 生物の多様性ってなんだろう？ 生命のジグソーパズル 京都大学総合博物館 京都大学生態学研究センター編
028 心を発見する心の発達 板倉昭二 心5
029 光と色の宇宙 福江 純
030 脳の情報表現を見る 櫻井芳雄 心6
031 アメリカ南部小説を旅する ユードラ・ウェルティを訪ねて 中村紘一
032 究極の森林 梶原幹弘
033 大気と微粒子の話 エアロゾルと地球環境 笠原三紀夫 東野 達 監修
034 脳科学のテーブル 日本神経回路学会監修／外山敬介・甘利俊一・篠本滋編
035 ヒトゲノムマップ 加納 圭
036 中国文明 農業と礼制の考古学 岡村秀典 諸6
037 新・動物の「食」に学ぶ 西田利貞

038 イネの歴史　佐藤洋一郎
039 新編 素粒子の世界を拓く　湯川・朝永から南部・小林・益川へ　佐藤文隆 監修
040 文化の誕生　ヒトが人になる前　杉山幸丸
041 アインシュタインの反乱と量子コンピュータ　佐藤文隆
042 災害社会　川崎一朗
043 ビザンツ　文明の継承と変容　井上浩一　諸8
044 江戸の庭園　将軍から庶民まで　飛田範夫
045 カメムシはなぜ群れる？　離合集散の生態学　藤崎憲治
046 異教徒ローマ人に語る聖書　創世記を読む　秦 剛平
047 古代朝鮮　墳墓にみる国家形成　吉井秀夫　諸13
048 王国の鉄路　タイ鉄道の歴史　柿崎一郎
049 世界単位論　高谷好一
050 書き替えられた聖書　新しいモーセ像を求めて　秦 剛平
051 オアシス農業起源論　古川久雄
052 イスラーム革命の精神　嶋本隆光
053 心理療法論　伊藤良子　心7
054 イスラーム　文明と国家の形成　小杉 泰　諸4
055 聖書と殺戮の歴史　ヨシュアと士師の時代　秦 剛平
056 大坂の庭園　太閤の城と町人文化　飛田範夫
057 歴史と事実　ポストモダンの歴史学批判をこえて　大戸千之
058 神の支配から王の支配へ　ダビデとソロモンの時代　秦 剛平
059 古代マヤ　石器の都市文明［増補版］　青山和夫　諸11
060 天然ゴムの歴史　ヘベア樹の世界一周オデッセイから「交通化社会」へ　こうじや信三
061 わかっているようでわからない数と図形と論理の話　西田吾郎
062 近代社会とは何か　ケンブリッジ学派とスコットランド啓蒙　田中秀夫
063 宇宙と素粒子のなりたち　糸山浩司・横山順一・川合 光・南部陽一郎
064 インダス文明の謎　古代文明神話を見直す　長田俊樹
065 南北分裂王国の誕生　イスラエルとユダ　秦 剛平
066 イスラームの神秘主義　ハーフェズの智慧　嶋本隆光
067 愛国とは何か　ヴェトナム戦争回顧録を読む　ヴォー・グエン・ザップ著・古川久雄訳・解題
068 景観の作法　殺風景の日本　布野修司
069 空白のユダヤ史　エルサレムの再建と民族の危機　秦 剛平
070 ヨーロッパ近代文明の曙　描かれたオランダ黄金世紀　樺山紘一　諸10
071 カナディアンロッキー　山岳生態学のすすめ　大園享司
072 マカベア戦記㊤　ユダヤの栄光と凋落　秦 剛平
073 異端思想の500年　グローバル思考への挑戦　大津真作
074 マカベア戦記㊦　ユダヤの栄光と凋落　秦 剛平
075 懐疑主義　松枝啓至